Fischer TaschenBibliothek

W0056451

Stephen Barnett war Programmleiter bei Penguin Books und Random House New Zealand und arbeitet heute als freier Autor und Redakteur. Er ist Autor und Herausgeber von über 25 Büchern, hauptsächlich in den Bereichen Populärkultur, Sozialgeschichte und Kinderbuch. Der gebürtige Neuseeländer lebte sechs Jahre in Deutschland. Von ihm erschien außerdem »Deutschland für die Hosentasche«.

John McCrystal arbeitet als Autor und Ghostwriter in Neuseelands Hauptstadt Wellington. Er hat bereits über dreißig Sachbücher geschrieben, u. a. über Klimawandel, Reisen, Motorsport, Rugby, Lokalgeschichte, also eigentlich so ziemlich alles. Er hat auch einige Kurzgeschichten verfasst, ein Radiohörspiel sowie ein unglaublich erbärmliches Gedicht. Wenn er nicht schreibt, erholt er sich von bizarren Sportverletzungen, die er sich regelmäßig zuzieht.

Weitere Informationen, auch zu E-Book-Ausgaben, finden Sie bei www.fischerverlage.de

Stephen Barnett / John McCrystal

Das kuriose
Neuseeland-Buch
Was Reiseführer verschweigen

Aus dem Englischen von Birgit Schöbitz

Fischer TaschenBibliothek

4. Auflage: November 2014

Veröffentlicht im Fischer Taschenbuch Verlag,
einem Unternehmen der S. Fischer Verlag GmbH,
Frankfurt am Main, September 2012

© S. Fischer Verlag GmbH, Frankfurt am Main 2012
Umschlaggestaltung und -abbildung: bilekjaegeer, Stuttgart
Satz: Dörlemann Satz, Lemförde
Druck und Bindung: Kösel, Altusried-Krugzell
Printed in Germany
ISBN 978-3-596-51251-5

Inhalt

Vorwort

Dies ist ein Buch voller Listen. Manche sind für sich kurios, andere einfach nur informativ – in ihrer Gesamtheit lassen Sie einen über »das schönste Ende der Welt« staunen, zustimmend nicken oder schmunzeln. Die Faszination, die Besten- und Ranglisten auf Menschen ausüben, scheint damit einherzugehen, dass wir uns gerne mit anderen messen. Wir wollen wissen, wer sich welchen Platz erkämpft hat. Außerdem erleichtern es uns Listen und Aufzählungen aller Art, mit der Datenflut umzugehen, die tagein, tagaus auf uns einströmt. Auf diese Weise verdauen wir Informationen häppchenweise und erfahren ganz nebenbei noch etwas über die Länder, aus denen die Daten stammen – ganz gleich, ob es sich um grundlegende Fakten oder skurrile Merkwürdigkeiten handelt. Eben Informationen, wie Sie sie in diesem Buch zuhauf finden – Sie lesen, welche Länder als Kolonialmacht von Neuseeland in Frage gekommen wären, wären es nicht die Briten gewesen, und hören von den größten Mythen und Verbrechen dieses faszinierenden Landes, Sie erfahren so einiges über die Möglichkeiten der Freizeitgestaltung in Neuseeland, die Lieblingsmusik und bevorzugte Literatur der Neuseeländer, ihren Humor – aber auch, welches Essen sich die »Kiwis« am liebsten nach Hause liefern lassen.

Außerdem machen solche Aufzählungen einfach Spaß. Viel Vergnügen!

Stephen Barnett und John McCrystal

Einleitung –
Die neuseeländisch-deutsche
Beziehung

Schon verblüffend, dass diese beiden Länder – zwischen denen nicht nur geographisch gesehen Welten liegen – ein so freundschaftliches Verhältnis zueinander pflegen, von dem beide profitieren. Da ist auf der einen Seite der Welt die Industrienation und politische Großmacht und auf der anderen dieser kleine Inselstaat inmitten der Südsee, der nur etwa 5 Prozent der Einwohner besagter Großmacht hat und dessen Wirtschaft hauptsächlich von natürlichen Rohstoffen abhängt. Das eine Land ist bekannt für seine Gründlichkeit und Bürokratie, das andere für seine Unkompliziertheit. Vielleicht stimmt es ja doch, dass sich Gegensätze anziehen. Dazu kommt, dass beide Länder auf gemeinsame Ahnen zurückblicken – und so mancher Einwohner dieselbe Sprache spricht.

Neuseeland und Deutschland: 9 nüchterne Vergleiche

	Deutschland	Neuseeland
Fläche	357022 km²	267710 km²
Küste	2389 km	15134 km
Einwohner	81400000	4400000
Lebens-erwartung in Jahren	80,07 Jahre	80,59 Jahre
Größte Stadt	Berlin (3400000)	Auckland (1100000)
Pro-Kopf-Verschuldung	US-Dollar 35700,–	US-Dollar 27700,–
Erwerbstätige	40 Millionen	2,3 Millionen
Frauenquote in der Regierung	30,6 Prozent	33,1 Prozent
Exporte	Maschinen, Fahr-zeuge, Chemikalien, Metall und Metall-erzeugnisse, Lebensmittel, Textilien	Milchprodukte, Fleischwaren, Holz und Holzwaren, Fisch

Deutschland ist Neuseelands wichtigster europäischer Handelspartner, im weltweiten Vergleich nimmt Deutschland immerhin Platz 5 ein. Neuseeland exportiert hauptsächlich Wolle, Fleisch und Milchprodukte nach Deutschland und importiert im Gegenzug Fahrzeuge, alle möglichen Maschinen, medizinische und pharmazeutische Produkte sowie Düngemittel aus Deutschland. Am zweithäufigsten reisen deutsche Touristen nach Neuseeland, da die meisten Deutschen von der Abgeschiedenheit und der überwältigenden Natur Neuseelands begeistert sind. Neuseeländer dagegen kommen wegen der vielfältigen Kultur, die Deutschland zu bieten hat, und weil sie das Stadtleben mitten im Herzen Europas kennenlernen möchten. So gesehen kann man also durchaus von gegenseitiger Anziehungskraft sprechen.

Neuseeland war zunächst von den Polynesiern entdeckt und besiedelt worden, später von den Briten. Doch auch andere Nationen haben einen bleibenden Eindruck in Neuseeland hinterlassen. Wer mit offenen Augen durch Neuseeland reist, wird auch den deutschen Einfluss erkennen, der sich in Ortsnamen, geographischen Besonderheiten und den wissenschaftlichen Namen von Flora und Fauna zeigt und auf deutsche Wissenschaftler und Naturalisten und deren Arbeit in den Anfängen der Kolonialzeit zurückzuführen ist. Die ersten deutschen – besser gesagt preußischen – Naturalisten in Neuseeland waren Johann Reinhold Forster und sein Sohn George, die James Cook von 1773 bis 1774 auf seiner zweiten Reise dorthin begleiteten. Ferdinand von Hochstetter, der in Esslingen am Neckar geboren wurde, und

1859 von der neuseeländischen Regierung damit beauftragt worden war, die Insel geologisch zu erkunden, ist noch heute vielen Neuseeländern ein Begriff, da er einem Frosch (*Leiopelma hochstetteri*), einer fleischfressenden Landschnecke (*Powelliphanta hochstetteri*) und – was vielen Biologen bekannt sein dürfte – der Takahe (*Porphyrio hochstetteri*), einem flugunfähigen Vogel, seinen Namen vermacht hat. Vor ihm war der Mediziner und Geologe Ernst Dieffenbach aus Gießen als erster studierter Wissenschaftler (im Gegensatz zu den zahlreichen begabten Amateuren) nach Neuseeland gekommen, um dort zu arbeiten. Er kam 1840 gemeinsam mit der ersten Schiffsladung der New Zealand Company voller Siedler dort an. Bei seinen Aufenthalten in Neuseeland stellte Dieffenbach fest, dass sich die Flora und Fauna des Festlands stark von denen der Chatham-Inseln unterschied, und sein Schriftwechsel darüber landete irgendwie auf dem Schreibtisch von Charles Darwin.

Den nachhaltigsten Eindruck von allen deutschen Wissenschaftlern, die je einen Fuß auf Neuseeland gesetzt haben, hat zweifelsohne der Preuße Johann Franz von Haast hinterlassen, besser bekannt als »Julius«. Von Haast reiste 1858 als eine Art Späher dorthin, um potentiellen deutschen Einwanderern den Weg zu bahnen. Hochstetter überredete ihn, ihm bei seinen geologischen Erkundungen zu helfen, die im darauffolgenden Jahr stattfinden sollten. Er übernahm dann die verschiedensten Tätigkeiten für die junge Kolonie und war unter anderem als geologischer Berater für die Region Canterbury und Nelson tätig.

Die ersten deutschen Einwanderer ließen sich 1843 in der Region von Upper Moutere nieder, einem kleinen Dorf in der Nähe von Nelson, und gründeten St. Paulidorf. Im darauffolgenden Jahr gründete eine andere Gruppe der Neuankömmlinge Ranzau, ebenfalls in der Nähe von Nelson, und in den 1850er Jahren entstanden noch weitere Ansiedlungen – Sarau, Rosenthal und Neudorf – in der Region von Moutere. Daran erinnert jedoch so gut wie nichts. Von den zahlreichen deutschsprachigen Siedlern, die sich in den 1860er Jahren auf der neuseeländischen Nordinsel – Pukepapa in der Region Rangitikei, Houhora und Awanui in Far North sowie Puhoi, nördlich von Auckland – niederließen, wurde nur in Puhoi ein kleiner Teil des deutschen Erbes bewahrt. In den 1870er Jahren gab es eine »deutsche Einwanderungswelle«, was wohl auf die neuseeländische Regierung zurückzuführen ist, die sich damals verstärkt um Arbeitskräfte aus Übersee bemühte, und eine zweite während des Goldrausches an der Westküste Neuseelands, als Menschen aller Nationalitäten, religiösen Überzeugungen und Hautfarben dort ihr Glück suchen wollten. In dieser Zeit wurden mehrere deutsche Ansiedlungen in den ländlichen Gegenden Neuseelands gegründet, und in den Städten bildeten sich deutsche Viertel. Eine Gemeinde in der Nähe von Waimate in Canterbury und eine weitere im Nordosten von Gore erhielten den Spitznamen »Germantown«. Eine Volkszählung ergab, dass es 1901 genau 4217 deutschstämmige Einwohner in Neuseeland gab.

Die meisten Deutschen, die vor den 1930er Jahren nach Neuseeland auswanderten, gehörten der Arbeiterklasse an. Das änderte sich, als die ersten Flüchtlinge aus Nazi-Deutschland – hauptsächlich Juden – nach Neuseeland kamen.

Neuseeland profitierte von den vielfältigen Fähigkeiten und Fertigkeiten dieser Einwanderer. Seit den 1990er Jahren gibt es eine weitere »deutsche Einwanderungswelle«. Die Mehrzahl kommt aus der Mittel- und Oberschicht und möchte aus ökologischen Gründen einen Neuanfang wagen, da Neuseeland im Gegensatz zu Europa weder das Problem der Überbevölkerung noch das der Umweltzerstörung kennt. Wie nicht anders zu erwarten war, lassen sie sich meist in den ländlichen und landschaftlich reizvollen Regionen nieder: Nelson ist noch immer angesagt ebenso wie der Lakes District um Otago, aber auch Canterbury, Marlborough und Wairarapa, wo Landwirtschaft und Weinbau dominieren. Die Volkszählung 2006 ergab, dass 10 761 Neuseeländer in

Deutschland geboren wurden, und eine gute Handvoll Neuseeländer mehr – insgesamt 10 917, um genau zu sein – bezeichneten sich selbst aus »ethnischen Gründen« als »deutsch«. Schätzungen zufolge sind rund 200 000 Neuseeländer deutscher Abstammung.

Zu den zahlreichen Deutschen, die Neuseelands Kultur und Wirtschaft bereichert haben, zählen auch der Dichter Karl Wolfskehl, die Cellistin Marie Vandewart, Professor Paul Hoffmann, der Ökonom Wolfgang Rosenberg, der Braumeister Joseph Kuhtze, der Arzt und erklärte Atomkraftgegner Erich Geiringer, Arthur und Lisl Hilton, die sich sehr für Kammermusik und Fußball stark machten, der Fotograf Gregory Riethmaier und Oberrichter Sir Thomas Eichelbaum.

Doch das Verhältnis zwischen Deutschland und Neuseeland war nicht immer so freundschaftlich, wie es heute ist …

5 unheimliche Begegnungen zwischen Neuseeland und Deutschland

▶ Neuseeland marschiert in Deutschland ein
Am 7. August 1914, kurz nachdem Großbritannien Deutschland den Krieg erklärt hatte, wollte die britische Regierung, dass Neuseeland der britischen

Krone einen Dienst erweist und die Funkstation in der Nähe von Apia in Deutsch-Samoa erobert. Es bedurfte keiner großartigen Überredungskünste, um Neuseeland dafür zu begeistern, denn schließlich wollte der Inselstaat schon seit einigen Jahren sein eigenes Reich aufbauen. Nur gut eine Woche später machten sich 1370 neuseeländische Militärangehörige über Fidschi auf den Weg nach Samoa und kamen am 29. August in Apia an. Die deutsche Funkstation wurde den Neuseeländern kampflos überlassen, da es der Befehlshaber des deutsch-ostasiatischen Marinegeschwaders vorzog, nicht einzugreifen. Somit wurde Deutsch-Samoa das zweite deutsche Hoheitsgebiet (nach Togoland vier Tage zuvor), das von Alliierten der Briten eingenommen wurde. Die Besetzung Samoas durch neuseeländische Streitkräfte hielt bis 1920 an. Erst dann erteilte der Völkerbund Neuseeland das Mandat, das ehemalige deutsche Besitztum zu regieren.

▶ Deutschland marschiert in Neuseeland ein

Am 26. August 1939 hörte Kapitän Grams des Handelsschiffs *Erlangen* mit einer Verdrängung von 6101 Tonnen, das vor Dunedin lag, von dem Gerücht, dass der Krieg mit Großbritannien – und somit auch mit Neuseeland – unmittelbar bevorstünde. Da er unbedingt verhindern wollte, dass sein Schiff im Zuge der zu befürchtenden Auseinandersetzungen beschlagnahmt würde, setzte er die Segel und behauptete, Kurs auf Port Kembla in New South Wales (Australien) zu nehmen, um dort Kohle an Bord zu laden. In Wahrheit aber dampfte die *Erlangen* gen Süden und ging weit oben im Nordarm von Carnley in den Auckland-Inseln vor Anker, wo die Mannschaft an die 400 Tonnen eines dichten Tropengehölzes – Eisenhölzer, wenn Sie es genau wissen möchten – schlug, da ihr kärglicher Kohlevorrat keine weiten Seereisen erlaubte. Gut möglich, dass die *Erlangen* noch immer dort vor Anker lag, als die HMNZS (Her Majesty's New Zealand Ship) *Leander* die Insel auf ihrer Suche nach potentiellen deutschen Angreifern aufsuchte. Doch die *Erlangen* blieb unentdeckt und machte sich Anfang Oktober auf nach Südamerika.

▶ Deutschland marschiert doch nicht in
  Neuseeland ein

Immer wieder ist in Gesprächen über die Erlebnisse der Neuseeländer im Zweiten Weltkrieg zu hören, dass die Mannschaft eines deutschen U-Boots vor Hawkes Bay an Land ging und eine Kuh melkte. Zweifellos eine nette Geschichte, aber nicht wahr. Die *U-862* legte tatsächlich Anfang 1945 im Hafen von Napier an, doch die Mannschaft musste ihren Kaffee ohne Milch trinken. Dieses Gerücht geht auf den Befehlshaber der *U-862*, Heinrich Timm zurück, der in

19

den späten fünfziger Jahren einem neuseeländischen Luftwaffenoffizier gegenüber einen Witz darüber machte.

▶ Ein deutscher Pirat

Der deutsche Adelige Felix Graf von Luckner war eine der schneidigsten Figuren des Ersten Weltkriegs. Er führte ein äußerst schillerndes Leben und setzte noch eines drauf, als er im Atlantik ein alliiertes Schiff kaperte und das Kommando der *Seeadler* übernahm – ein viermastiges Segelschiff, das er zweifelsohne allein deshalb für seinen Beutezug ausgewählt hatte, weil es besser zu seinem Image als Draufgänger passte als ein weitaus zweckmäßigeres Dampfschiff. 1917 wollte von Luckner durch den Pazifik segeln, doch noch bevor er dort großes Chaos anrichten konnte, verließ ihn sein bisheriges Glück und die *Seeadler* zerschellte auf einem Riff vor der südpazifischen Insel Mopelia (auch Maupihaa genannt), die zu den Gesellschaftsinseln zählt. Davon nicht im mindesten beeindruckt segelten von Luckner und eine handverlesene Mannschaft in einem kleinen Boot zu den Cook-Inseln und weiter nach Fidschi, immer Ausschau haltend nach einem ähnlich aussehenden Schiff, das sie kapern konnten, da von Luckner sein altes Leben als Plünderer wieder aufnehmen wollte. Doch ein paar misstrauische Auswanderer gaben den Behörden entscheidende Tipps, die am

21. September 1917 zur Festnahme von Luckners führten. Letztlich wurde er zu einer Freiheitsstrafe verurteilt und saß im Gefängnis von Motuihie in Hauraki Golf in Auckland. Da ihn sein Dasein in Kriegsgefangenschaft langweilte, floh von Luckner, enterte den 90-Tonnen-Lastkahn *Moa* und segelte zu den Kermadecinseln. Als Navigationshilfe dienten ihm dabei ein paar Seiten, die er aus einem Schulatlas herausgerissen hatte, und ein Sextant. Auf den Kermadecinseln angekommen, wurde er erneut gefangengenommen, was er ohne Gegenwehr über sich ergehen ließ. Nach einem längeren Gefängnisaufenthalt wurde er zurück in sein Heimatland geschickt, wo er sein ereignisreiches Leben fortsetzte.

▶ Vorsicht, Mine!

Im Zweiten Weltkrieg wurden zehn deutsche Handelsschiffe zu bewaffneten Hilfskreuzern umgerüstet. Zwei davon – die *Komet* und die *Orion* – sollten Schiffe, die in den Versorgungsreihen der Alliierten rund um Neuseeland und Australien unterwegs waren, angreifen und zerstören. Die *Orion* mit einer Verdrängung von 7021 Tonnen war ursprünglich ein Frachter namens *Kurmark*. Sie erreichte die Gewässer von Neuseeland im Juni 1940 unter dem Kommando von Kurt Weyher, wo sie ein paar Tage vor der Küste von Auckland anlag und die Mannschaft dann Minen auslegte. Dieser Kriegstaktik fielen zwei Fischdampfer, ein Minensuchboot und drei weitere Schiffe, darunter die *Niagara,* die so groß war, dass sie den Spitznamen »Titanic des Pazifiks« erhalten hatte und eine Verdrängung von 13 415 Tonnen aufwies, zum Opfer. Die *Niagara* war mit einer relativ großen Menge Gold beladen unterwegs nach Vancouver, als sie am 19. Juni 1940 von einer Mine zerstört wurde und im 121 Meter tiefen Wasser versank. Zum Glück forderte der Angriff nur ein Todesopfer: die Bordkatze.

Die *Orion* war anschließend sechs Wochen auf den Schiffsrouten des Pazifiks unterwegs, ohne auch nur ein einziges feindliches Schiff zu zerstören, doch dann stieß sie in der Tasmansee auf die *Turakina* – und es kam zur ersten militärischen Auseinandersetzung in diesen Gewässern überhaupt. Die *Turakina* wurde versenkt, was 34 Menschenleben forderte. Als zweites griff die *Orion,* die gemeinsam mit dem Hilfskreuzer *Komet* (ursprünglich das Frachtschiff *Ems* mit einer Verdrängung von 3287 Tonnen), der in der Panamakanalzone im Osten Neuseelands mit kriegerischen Beutezügen beschäftigt gewesen war, die neuseeländischen Gewässer verlassen wollte, nordöstlich von Neuseeland das Frachtschiff *Holmwood* an und zerstörte es dort ebenso wie das Passagier- und Frachtschiff *Rangitane.*

Die *Komet* beabsichtigte einen Angriff des ehemaligen Walfangschiffs *Adjutant* mit einer Verdrängung von 350 Tonnen mit Magnetminen, die in einer geheimen Mission im Juni 1941 an der Hafeneinfahrt von Wellington und Lyttleton ausgelegt wurden. Offensichtlich waren diese jedoch funktionsuntüchtig, denn obwohl Tausende von Schiffen diese Passage kreuzten und auch Baggerarbeiten in der Nähe dieses Minenfeldes verrichtet wurden, ging zum Glück nicht eine einzige Mine hoch.

Erfreulicherweise gehören solche Kriegsepisoden der Vergangenheit an.

Eine Frage der Geologie und Geographie

9 alternative Namen für Neuseeland

Im Laufe der Jahre hat Neuseeland viele andere Namen erhalten.

▶ Aotearoa
Die Māori bezeichneten die Nordinsel von Neuseeland als Te Ika-a-Maui und die Südinsel als Te Wai Pounamu. Außerdem nannten die Māori die Nordinsel »Aotearoa«, die »lange weiße Wolke«; heute ist damit jedoch ganz Neuseeland gemeint.

▶ En-zed
Im Grunde ist das nichts anderes als die englische Lautsprache von »NZ«. Aller Wahrscheinlichkeit nach stammt es noch aus der Zeit des Ersten Weltkriegs, als die neuseeländischen Soldaten Uniformen mit den Initialen »NZ« für New Zealand trugen.

▶ Farnland (Fernland)

Das Bild des neuseeländischen Buschlands ist geprägt von Farnen, weshalb das Land umgangssprachlich gern als Farnland bezeichnet wird. Der größte neuseeländische Farn ist der Baumfarn oder auch Ponga, und seine Blätter gehören wohl zu den bekanntesten Landessymbolen Neuseelands. Kaum hatten die ersten europäischen Einwanderer einen Fuß auf Neuseeland gesetzt, fand sich das Blatt des Silberfarns auf den Titelseiten der Zeitungen und in der Werbung. Später war es aus der Welt des Militärs und Sports nicht mehr wegzudenken. Als Erstes war das Farnblatt auf den Trikots des neuseeländischen Rugby-Teams zu sehen, das 1888 durch Großbritannien tourte. Seitdem ist es für Neuseeland das Sportemblem schlechthin.

▶ Gottes eigenes Land
(God's Own Country / Godzone)

Die Neuseeländer griffen lange Zeit auf diese Beschreibung ihrer Heimat zurück. Als Erstes hat Thomas Bracken diesen Ausdruck in einem Gedicht über Neuseeland gebraucht. Er hat auch das besser bekannte Lied »God Defend New Zealand« (Gott schütze Neuseeland) das nach der britischen Nationalhymne »God Save the Queen« die zweite Nationalhymne Neuseelands wurde.

▶ Land der langen weißen Wolke
Siehe **Aotearoa** oben.

▶ Māoriland

Dieser Name stammt aus dem 19. Jahrhundert und verlieh dem einzigartigen Erbe der Māori einen Hauch von Romantik, der schon die Anfänge der Besiedlung Neuseelands durch die Europäer kennzeichnete. Der Dichter Thomas Bracken gab seiner Gedichtsammlung den Titel *Musings in Māoriland* (Träumereien in Māoriland). Das Bild des Māorilands wurde im 19. Jahrhundert vielfach verwendet, um Touristen nach Neuseeland zu locken.

▶ Die wackligen Inseln (The Shaky Isles)

Ein wenig verwunderlicher Name für Neuseeland angesichts des Ausmaßes der seismischen Aktivitäten auf dem Inselstaat, der auf zwei aneinandergrenzenden Kontinentalplatten ruht.

▶ Staten Landt (Land der niederländischen Staaten)

Es waren die Niederländer, die Neuseeland diesen Namen verliehen haben, genauer gesagt, der niederländische Seefahrer Abel Tasman, der dem Trugschluss erlag, Neuseeland sei Teil des Landes, von dem ein anderer Forscher, Jacob Le Maire, bereits im 17. Jahrhundert berichtet hatte und das vor der Küste Chiles liegt. Jahre später, als Hendrik Brouwer nachwies, dass Staten Landt in Wirklichkeit eine Insel war, ersetzten die holländischen Kartographen »Staten Landt« durch »Nova Zeelandia«, nach der niederländischen Provinz Zeeland. Aus dem lateinischen Wort »Nova Zeelandia« wurde im Niederländischen »Nieuw Zeeland« und nach der Wiederentdeckung der Inseln durch den britischen Kapitän James Cook 1769 wurde daraus »New Zealand«, auf Deutsch: Neuseeland.

▶ Tasmantis (Zealandia)

Das Festland von Neuseeland gehört zu einem prähistorischen Kontinent namens Tasmantis oder Neuseeland-Kontinent, der sich über nahezu vier Millionen Quadratkilometer erstreckt (und damit halb so groß ist wie Australien oder etwa so groß wie Westeuropa). An die 93 Prozent von Tasmantis liegen tief unter dem Meeresspiegel. Das lange und schmale Festland erstreckt sich vom 19. Breitengrad südlich (nördlich des tropischen Neukaledoniens) bis zum 56. Breitengrad südlich (im Süden von Neuseelands kargen subantarktischen Inseln gelegen). Das internationale Seerecht legt fest, dass Küstenstaaten besondere Rechte im Hinblick auf die Meeresforschung und Bewirtschaftung des Küstenstreifens gewährt werden. Die ausschließliche Wirtschaftszone dieser Länder ist das Gebiet jenseits des Küstenmeeres bis zu einer Erstreckung von 200 Seemeilen (370,4 km) ab der Basislinie (daher auch 200-Meilen-Zone), in dem der angrenzende Küstenstaat in begrenztem Umfang souveräne Rechte und Hoheitsbefugnisse wahrnehmen kann. Die neuseeländische Basislinie ist dank seiner Lage über Tasmantis beeindruckend groß, das aus zwei nahezu parallel angeordneten Graten besteht, die sich durch den südlichen Pazifik nach Nordwesten neigen. Zum westlichen Grat zählen die Lord-Howe-Schwelle und das Campbell-Plateau. Der schmalere östliche Grat bildet Neukaledonien, Norfolk-Ridge, die neuseeländische Nordinsel und die Chatham-Erhebung. Zwischen den beiden Graten ist der Meeresboden zwischen 1000 und 1500 Metern tief. Mancherorts ragen zerklüftete kleine Inseln aus dem Wasser heraus und helfen dabei, den Rand der Zone zu markieren. Diese ausschließliche Wirtschaftszone Neuseelands ist nach Frankreich, China, Indien und Japan die fünftgrößte der Welt.

Von den 13 Kolonien, zu denen sich Neuseeland hätte entwickeln können

Fast jeder Neuseeländer hat schon einmal davon gehört, dass es der niederländische Seefahrer Abel Tasman war, der Neuseeland entdeckt hatte und den Europäern davon berichtete. Auch dass James Cook die Insel Jahre später wiederentdeckt hat und das

Land daraufhin von den Briten regiert wurde, ist für Neuseeländer nichts Neues. Doch es hätte auch ganz anders kommen können.

Es kursieren Theorien über mögliche Landungen in Neuseeland noch vor Tasman und Cook. Darunter fallen auch die Spanier und Portugiesen, die bereits im 16. Jahrhundert in der Gegend um Neuseeland unterwegs waren. Weniger gut dokumentiert – wenn überhaupt – sind die Reisen anderer Seefahrer aus allen möglichen Ländern dorthin. Gut möglich, dass Neuseeland bereits vor Tausenden von Jahren von den nachfolgend aufgeführten Nationen kolonisiert worden wäre, hätte es der Zufall so gewollt.

▶ Die Phönizier

Die Vorstellung, dass eine kleine Gruppe Phönizier etwa 600 Jahre vor Christi Geburt in Neuseeland hätte leben können, scheint weit hergeholt, doch es ist eine Tatsache, dass sie fähige Erforscher und Erkunder waren, die als eines der ersten Völker Seewege in das westliche Mittelmeer und über die Straße von Gibraltar hinaus die Atlantikküsten Afrikas und Europas erkundeten. Sie überquerten den Ärmelkanal und entdeckten Zinnvorkommen in Großbritannien. Sie segelten bis zu den Kanarischen Inseln und – so wird gemunkelt – sogar nach Amerika und Brasilien. Die Theorie über die Phönizier besagt, dass der ägyptische Pharao Necho gegen Ende des 7. Jahrhunderts den Befehl erteilt hatte, dass zehn phönizische Schiffe Seewege um den afrikanischen Kontinent erkunden sollten. Später machten sich andere Schiffe auf sein Geheiß hin auf in die südwestpazifische Region. Als Beweis dafür dienen Hieroglyphen, die an den Wänden von Höhlen im Hunter Valley, North South Wales, gefunden wurden und die nicht von den australischen Ureinwohnern stammten, sondern aus der mittelägyptischen Periode, also der Dritten Dynastie, die von 2748 bis 1779 v. Chr. dauerte. In Neuseeland hält sich mittlerweile das Gerücht, dass eine Felszeichnung am Mount Tauhara in der Nähe des Taupsees ein phönizisches Schiff zeigt. Sowohl diese Zeichnung als auch andere Malereien und Inschriften, die man auf diesem Berg gefunden hat, sollen mit Metallwerkzeugen angefertigt worden sein, die definitiv von den Phöniziern, nicht aber von den Māori benutzt worden sind, die sich erst später dort ansiedelten.

▶ Die Griechen

Diese Hypothese besagt, dass ein ptolemäischer König, vermutlich Ptolemaios VI, bereits 180 v. Chr. eine Erdumsegelung einer Flotte von Segelschiffen finanziert hatte, die sich vom Roten Meer aus auf den Weg in den Pazifik machte. Als Beweis dafür, dass bereits die alten Griechen in Neuseeland waren, dient eine Zeichnung des Inselstaats in der legendären ptolemäischen Weltkarte, die aus dem Jahr 200 v. Chr. stammt. Überzeugender dürfte jedoch sein, dass in den 1950er Jahren an zwei Orten auf der neuseeländischen Nordinsel ptolemäische Münzen gefunden wurden, von denen eine etwa um 150 v. Chr. in Umlauf war.

▶ Die Maurya

Was spricht für die Entdeckung Neuseelands durch die Inder – genauer gesagt von indischen Erforschern der großen und wissbegierigen Dynastie der Maurya? Wenig schmeichelhaft, aber es sind tatsächlich die Überreste von versteinerten Ratten, die etwa aus dem Jahr 100 v. Chr. stammen, was mit Hilfe ihrer Altersbestimmung nach der Radiokarbonmethode als erwiesen gilt. Ratten zählen nicht zu den ursprünglich in Neuseeland beheimateten Tieren. In den Geschichtsbüchern ist zu lesen, dass sie mit den ersten polynesischen Siedlern um 850 v. Chr. ins Land kamen – was allerdings 750 Jahre später ist, als die Altersbestimmung nahelegt. Um 200 v. Chr. haben die Inder des Maurya-Reichs die Inseln des südöstlichen Asiens, Burma, Thailand, Kambodscha, Java und Sumatra erkundet und auch schon Handel mit ihnen getrieben. Schon aus diesem Grund erscheint es plausibel, dass sie eine oder mehrere ihrer Reisen noch weiter südlich nach Neuseeland geführt haben könnten.

▶ Die Araber

Sollte Ihnen die Möglichkeit des arabischen Ein-
flusses reizvoller erscheinen, sollten Sie sich mit der
Interpretation einer Erzählung von Al-Idrisi, dem
arabischen Kartographen und Entdecker, und einer
wunderschönen in Stein gemeißelten als »Korotangi«
bekannten Taube begnügen. Die Geschichte von Al-
Idrisi stammt aus dem 12. Jahrhundert und wurde
1840 von Monsieur Jaubert ins Französische übersetzt und unter dem Namen *Recueil des Voyages*
(Sammlung von Reisegeschichten) von der französischen Gesellschaft für Geographie veröffentlicht.
Darin wird eine Entdeckungsreise des Südmeers
durch arabische Erforscher etwa 790 v. Chr. beschrieben. Dabei stießen sie auf eine große, bergige Land-
masse, womit gemeinhin wohl Neuseeland gemeint
sein dürfte. Die steinerne Taube »Korotangi« wurde
1871 in der Region Waikato in einem durch einen
Sturm entwurzelten Baum gefunden. Die Māori gaben ihr den Namen »Korotangi« oder »die weinende
Taube«. Die Technik, mit der sie in Stein gemeißelt
wurde, ist eine völlig andere als die von den Polynesiern oder Māori verwendete, und auch vom Stil her
lässt sich die Taube am ehesten mit anderen Skulpturen aus der indonesischen Bronzezeit vergleichen.
Der dunkelgrüne Serpentinstein findet sich lediglich
in Indonesien oder China – und in Indonesien auch
nur auf der Insel Sulawesi, auf der schon etwa seit

300 v. Chr. Handel getrieben wird. In der Nähe gab es zur damaligen Zeit nur ein einziges Volk von Seefahrern, und zwar die Islamischen Araber unter Hārūn ar-Raschīd (764 bis 809 v. Chr.). Ar-Raschīds muslimisches Reich war damals das größte weltweit.

▶ Die Tamilen

Die »Tamil Bell«, eine zerbrochene Glocke aus Bronze, die von dem Missionar William Colenso 1836 auf der Nordinsel gefunden wurde, ist ein Artefakt, das zu Spekulationen über die Entdeckung Neuseelands durch die Tamilen geführt hat. Colenso hatte beobachtet, wie ein paar Māori-Frauen Kartoffeln in einem ungewöhnlichen Behältnis gekocht hatten. Als er es genauer betrachtete, stellte er fest, dass es sich um eine Glocke aus Bronze handelte, die seit vielen Generationen im Besitz dieses Stammes war. Colenso gelang es, das gute Stück gegen einen ganz normalen Kochtopf einzutauschen, weshalb Ersteres nun im Nationalmuseum von Neuseeland in Wellington zu bestaunen ist. Die Glocke besitzt eine gravierte Inschrift aus 23 Schriftzeichen, die um den Rand der Glocke läuft. Bei der Schrift handelt es sich um Tamil, eine der ältesten Sprachen Indiens, die zwischen 700 und 1200 v. Chr. gesprochen wurde. Übersetzt bedeutet die Inschrift »Mukiayatens Schiffsglocke«.

▶ Die Kelten

Die Annahme, dass es die alten Kelten waren, die Neuseeland schon vor langer Zeit besiedelten, beruht auf einer Legende, der zufolge eine keltische Familie aus Schottland nach Neuseeland vertrieben wurde, und wird unterstützt durch angebliche Funde von freistehenden, aufrechten Steinen und Steinsetzungen. Außerdem wird von Höhlenfunden rothaariger, schwarzhaariger und blonder indo-europäischer Skelette berichtet, und es heißt, dass das genetische Erbe dieser Schotten auch heute noch bei so manchem Māori durchschlägt – hochgewachsen, rothaarig, hellhäutig und sogar blauäugig. Von diesen körperlichen Merkmalen hatte bereits der französische Forscher Marc-Joseph Marion du Fresne berichtet, der 1772 erstmals in Neuseeland war.

▶ Die Chinesen

Die Hypothese, dass auch die Chinesen in Neuseeland gelandet sind, stützt sich auf die Reisen des chinesischen Admirals und Forschers Zhèng Hé. Es gibt Aufzeichnungen darüber, dass zwischen 1421 und 1423 – zur Zeit der Ming-Dynastie – Schiffe seiner Flotte in zahlreiche Länder dieser Erde unterwegs gewesen waren, unter anderem auch in ein großes, damals in Europa völlig unbekanntes Land. Sein Schiff, das er auf seinen sieben berühmten Seefahrten nutzte, war das stärkste und größte der damaligen

Zeit – 137 Meter lang, mit zwölf Segeln und einem elf Meter langen Ruder. Als Nachweis dafür, dass es seine Flotte bis nach Neuseeland geschafft hat, werden angebliche Überreste von Steinmauern, Gebäuden und historischen Verhüttungsplätzen angeführt.

▶ Die Spanier oder Portugiesen

Der erste Europäer, der von der Landenge Panama aus 1513 den Pazifik erblickte, war der spanische Entdecker Vasco Nunez de Balboa. Es gibt Aufzeichnungen, dass der Portugiese Fernao de Magalhaes (Ferdinand Magellan) diesen Ozean ein Jahrzehnt später überquert hat. In den darauffolgenden Jahren taten es ihm viele spanischen und portugiesischen Seefahrer gleich. Die Portugiesen ließen sich in Ostindien (dem heutigen Indonesien) nieder, die Spanier auf den Philippinen. Angesichts der zahlreichen Schiffe beider Nationen, die dort andauernd hin und her fuhren, fällt es nicht weiter schwer sich vorzustellen, dass das eine oder andere Schiff einmal vom Kurs abgekommen und weiter südlich als gewollt gelandet oder der Küste Neuseelands zu nahe gekommen und dort zerschellt ist.

Die Schiffe, die Neuseeland vor der offiziellen Entdeckung durch Abel Tasman (1642) am nächsten kamen, waren wahrscheinlich im Zuge der Expedition des spanischen Seefahrers Alvaro de Mendana de Neyra (1595) und des portugiesischen Kapitäns

Pedro Fernandes de Queiros (1605–06) dorthin geraten, da beide die nördlichen Cook-Inseln ansteuerten.

Auch der Spanier Juan Fernandez war Erforscher und Seefahrer. Er hatte Concepcion in Chile 1576 verlassen und den Pazifik auf der Suche nach dem sagenumwobenen südlichen Kontinent vom Westen her durchquert. Wäre er auf Kurs geblieben, hätte er Neuseeland durchaus entdecken und sogar den Weg in den Hafen von Wellington finden können. Um 1880 wurde im Wellingtoner Hafen ein spanischer Helm geborgen, der wohl aus dem Jahr 1560 und möglicherweise von einer spanischen Karavelle, einem zwei- bis viermastiger Segelschifftyp, stammt.

▶ Die Niederländer

Anfang des 17. Jahrhunderts schnappten die Niederländer – noch ganz berauscht davon, dass sie den Spaniern ihre Unabhängigkeit abgetrutzt hatten – den Portugiesen einen Großteil von Ostindien weg. Größtenteils ließen sie sich in Batavia (dem heutigen Jakarta) auf Java nieder. Als Malakka 1641 errungen wurde, war die Lage der Niederländer dort gesichert, und ihr Interesse am Südpazifik wuchs. Ziel ihrer Träume war eine südlich verlaufende Seeroute nach Chile, da sie spanische Schiffe kapern wollten. Außerdem brannten sie darauf, die unentdeckten Schätze des großen südlichen Kontinents zu bergen, der angeblich östlich von Australien und westlich von Kap Horn lag. Anfang der 1640er Jahre lockte die Vorstellung, dort auf riesige Vorkommen von Edelmetallen und anderen Bodenschätzen zu stoßen, die Inhaber der Niederländischen Ostindien-Kompanie – weshalb sie beschlossen, eine Expedition dorthin zu wagen. Als grobe Orientierungshilfe dienten Skizzen von Abel Tasmans Steuermann Franz Jacobszoon Visscher vom Januar 1642. Zu dieser Zeit hatten die Niederländer bereits die Nord-, West- und zum Teil auch die Südküsten Australiens kartographiert. Doch niemand wusste genau, wie groß dieser Kontinent wirklich war. Am 14. August 1642 brach Tasman mit zwei Schiffen, der *Heemskerck* und der *Zeehaen,* zuerst nach Mauritius auf, das sich damals im Besitz der Niederländer befand. Von dort aus ging es zunächst in südliche Richtung unterhalb des 49. Längengrads (er entspricht in etwa den Auckland-Inseln) und dann gen Osten entlang des 45. Breitengrads. Ende November erblickte Tasman das heutige Tasmanien, bevor er weiter Richtung Osten segelte und als Erster das Meer querte, das heute seinen Namen trägt. Am 13. Dezember 1642 schrieb er seine berühmte Beschreibung eines neuen »erhabenen Landes« nieder – vermutlich meinte er die auf der Südinsel Neuseelands emporragenden Südalpen. Anschließend zog er weiter nach Norden, ließ Cape Foulwind und Cape Farewell hinter sich und segelte in eine Bucht, die heute als Golden Bay bekannt ist. Seitdem ist Neuseeland auf europäischen Landkarten verzeichnet.

▶ Die Italiener

Im Februar 1793 erreichte der italienische Entdecker Alessandro Malaspina, der eine spanische Expedition mit zwei Schiffen, der *Descubierta* und der *Altrevida* leitete, die nördliche Zufahrt zur Meerenge Dusky Sound – doch er segelte daran vorbei. Obwohl Malaspina und sein Kartograph Felipe Bauza y Canzs Teile des Fjords Doubtful Sound erforschten, trug seine Reise wenig dazu bei, Neues über die neuseeländische Küste zu erfahren.

▶ Die Franzosen

Die einzigen Europäer, die neben den Briten maßgeblich dazu beigetragen haben, dass die Küste Neuseelands in den Landkarten verzeichnet wurde, waren die Franzosen. Ihr Interesse für den Pazifik erwachte gleichzeitig mit dem der Briten. Louis Antoine de Bougainville durchquerte den Pazifik auf seiner Reise von 1766 bis 1769 im Gefolge des britischen Entdeckers John Byron. Etwa zur gleichen Zeit, zu der Kapitän James Cook an der nördlichen Spitze der Nordinsel im Dezember 1769 gegen einen heftigen Sturm ankämpfte, musste auch ein französischer Seefahrer in unmittelbarer Nähe – rund vierzig Kilometer südwestlich von ihm – den Naturgewalten trotzen. Kapitän Jean François Marie de Surville hatte Indien auf der *St Jean Baptiste* im März 1769 wegen einer Handelsreise und der Erforschung des Südpazifiks verlassen. Er segelte über Malakka und die Salomonen und erreichte am 12. Dezember 1769 die Westküste Neuseelands.

Nicht lange nach Cook und de Surville kam ein weiterer Franzose, Marc-Joseph Marion du Fresne, der für die Französische Ostindien-Kompanie gearbeitet hatte, nach Neuseeland. Auch er war auf der Suche nach dem legendären Südkontinent. Im Oktober 1771 verließen seine Schiffe, die *Marquis de Castries* und die *Mascarin,* Mauritius, legten einen Zwischenstopp in Kapstadt ein und machten sich auf gen Osten. Nachdem er das neuseeländische Kap Egmont gesichtet hatte, segelte er um die nördliche Spitze der Nordinsel. Im Küstenabschnitt Bay of Islands war ein längerer Aufenthalt erforderlich, da seine Schiffe nach einer Kollision im Indischen Ozean repariert werden mussten. Von Mai bis Juli 1772 lagen die Schiffe dort vor Anker. Die Mehrzahl der ersten Begegnungen zwischen den Māori und den Franzosen waren freundschaftlicher Art, und dieser Expedition haben wir es zu verdanken, dass wir sehr viel über das damalige Leben der Māori wissen.

Doch das Verhältnis der Māori-Stämme untereinander war unbeständig, und die Anwesenheit der

Franzosen verstärkte die Spannungen noch weiter. Missverständnisse waren an der Tagesordnung. Mitte Juni wurden Kapitän Marion du Fresne und 25 weitere Menschen von den Māori getötet. Die französische Besatzung nahm blutige Rache, bevor sie über die Philippinen nach Mauritius zurückkehrte.

Die von Jules Dumont d'Urville 1826 geleitete Expedition spielte für die Entdeckung Neuseelands durch die Europäer so gut wie keine Rolle. Dumont d'Urville hatte vor, Cooks Landkarte von Neuseeland zu vervollständigen. Im April 1826 segelte er von Toulon mit der *Astrolabe* (der neue Name der *Coquille*) los und erblickte im Januar 1827 die Westküste der Südinsel. Nach der Erkundung von Cooks Blind Bay (der jetzigen Tasman Bay) durchquerte er den French Pass und kam zur Admiralty Bay, wofür er letztlich berühmt wurde.

Cyrille Pierre Théodore Laplace hatte eine klare Mission, als er sich 1830 auf seine Reise quer durch den Pazifik aufmachte: Er sollte detaillierte Informationen über Länder zusammentragen, die für den Überseehandel mit Frankreich in Frage kämen. Laplace segelte als Kapitän der *La Favorite* – einer Korvette mit 680 Tonnen Verdrängung – und einer Besatzung aus 167 Leuten aus dem französischen Toulon los. Er lag im Oktober 1830 vor der Bay of Islands vor Anker. Seinen Aufenthalt in Neuseeland nutzte Laplace, um die Karte des Kawakawa River im

Detail auszuarbeiten und dem Gebiet um diese Flussmündung den Namen »Banc de la Favorite« zu verleihen. Am 11. Oktober verließ der Franzose Neuseeland, doch vor seiner Abreise hatte er Australien noch in helle Aufruhr versetzt: Es verbreitete sich das Gerücht, Laplace hätte Neuseeland für Frankreich eingenommen. Die zahlreichen Gewehre der *La Favorite* und die Tatsache, dass während Laplaces Erkundungen mehrere Flaggen gehisst worden waren, verhalfen diesem Gerücht zu weiterem Auftrieb. Auch wenn letztendlich nichts dran war, führte es doch dazu, dass ein paar der Stammeshäuptlinge aus Northland König William IV um Schutz durch die Briten baten, da sie Angst vor dem »Stamm der Marion« hätten, womit sie auf den Mord an dem französischen Entdecker Marion du Fresne im Jahr 1773 und das darauffolgende Massaker von blindwütigen Matrosen der *Mascarin* an den Māori anspielten.

Der Aufruhr, den Laplaces Besuch hervorrief, führte dazu, dass sich die Ereignisse überstürzten. Flugs wurde der Vertrag von Waitangi unterzeichnet, wodurch Neuseeland zur britischen Kolonie erklärt wurde. Die Sorge über das Interesse der Franzosen an einer Annektierung erhielt ein paar Jahre später neuen Auftrieb, als Jean François Langlois, Kapitän des Walfangschiffs *Cachalot*, 1838 Pläne für eine französische Kolonie in Akaroa schmiedete. Nach einem fragwürdigen Landerwerb von den Māori kehrte er nach Frankreich zurück und gründete ein Unternehmen, das nur einen Zweck verfolgte: die Gründung einer französischen Kolonie auf der Südinsel Neuseelands. Zunächst stieß sein Plan bei der französischen Regierung auf Widerstand, doch schließlich erhielt er die Zustimmung von König Louis-Philippe I.: Frankreich würde nun einen Flottenstützpunkt im Pazifik unterhalten. Die Regierung verpflichtete sich, dieses Projekt zu fördern und lieh Langlois zum Transport der französischen Aussiedler die *Comte de Paris*. Doch es ergab sich ein heikles Problem: Wie sollte die Südinsel annektiert werden, ohne die Briten zu provozieren, die sich auf der Nordinsel breit gemacht hatten? Alle Hoffnungen richteten sich auf den Beauftragten des französischen Königs, Kapitän Lavaud, der vielleicht in der Lage wäre, die Südinsel im Namen Frankreichs einzunehmen. Doch dann entschied man sich für eine diplomatischere Lösung, und die Franzosen kauften den Māori einen Teil des Landes ab. Künftige französische Aussiedler sollten sich auf der Südinsel niederlassen, die dann letztendlich von Frankreich beansprucht werden würde.

Zu der damaligen Zeit gab es im Pazifikraum keine französischen Kolonien. Doch an die sechzig Walfangschiffe stachen regelmäßig zwischen Frankreich und Neuseeland in See, da das Geschäft mit Walen ein äußerst lukratives war. Aus dem Waltran wurde

Lampenöl für die Straßenlaternen in Paris erzeugt. Eine französische Annektierung der Südinsel Neuseelands mit einer Fläche, die etwa ein Viertel so groß war wie Frankreich, auf der aber nur 3000 bis 4000 Māori lebten, wäre perfekt für Frankreich gewesen. Das Problem war jedoch, dass es auf der Nordinsel schon zahlreiche britische Kolonisten gab, und es nur noch eine Frage der Zeit war, wann die Insel von Großbritannien annektiert werden würde. Sollte die Südinsel zu einer französischen Kolonie werden, war Eile geboten. Langlois war überzeugt, dass Akaroa auf der Banks Peninsula ein perfekter Stützpunkt für die Franzosen wäre, und begann Pläne zu schmieden, um die Südinsel für Frankreich einzunehmen. Mit zwölf Māori-Häuptlingen vom Stamm Ngai-Tahu aus Port Cooper, dem heutigen Lyttleton, führte er erfolgreich Verhandlungen über den Erwerb eines Großteils der Halbinsel.

Das französische Vorhaben erregte die Gemüter Großbritanniens und Frankreichs. Die britische Regierung beugte sich schließlich dem Druck und entsandte 1839 William Hobson, der die formelle Kolonisierung durch die Briten zu einem raschen Ende führen sollte. Am 6. Februar 1840 wurde der Vertrag von Waitangi zum ersten Mal unterzeichnet, und Großbritannien beanspruchte am 17. Juni auch die Herrschaft über die Südinsel. Als Lavaud im Juli in der Bay of Islands ankam, musste er feststellen, dass

Neuseeland mittlerweile eine britische Kolonie geworden war. Hobson tat recht freundlich, schickte aber nichtsdestotrotz die *Britomart* los, um den Franzosen in Akaroa auf die Finger zu schauen. Lavaud war klar, dass es Frankreich nicht gelingen würde, eine französische Kolonie zu gründen, ohne dass es zu bösem Blut kam. Als die *Comte de Paris* im August in Akaroa ankam, wehte dort schon der Union Jack. Die britische Regierung gestand den französischen Siedlern letzten Endes dann doch das offizielle Eigentum am Land zu, und Lavaud durfte französisches Recht anwenden, obwohl die Siedler von den Briten regiert wurden. Bis Mitte der 1840er Jahre ging der Walfang zurück, und die französische Marine verließ Neuseeland Anfang der 1850er Jahre.

▶ Die Russen

Der Entdecker Fabian von Bellingshausen leitete eine russische Expedition mit dem Ziel, Cooks Arbeit auf dessen späteren Seereisen fortzusetzen und die südlichen Polarregionen zu erforschen. Im Juli 1819 verließ er den russischen Flottenstützpunkt Kronstadt im Finnischen Meerbusen und hatte das Kommando über die beiden Schiffe *Mirny* und *Vostok*. Im darauffolgenden Dezember kartographierte er Südgeorgien und entdeckte die Südlichen Sandwichinseln. Im Januar 1820 segelte Bellingshausen weiter Richtung Süden und sichtete die Küste der Antarktis, doch ihm war nicht klar, welche Entdeckung er da gemacht hatte. Anschließend ging es für die Expedition weiter nach Port Jackson (Sydney), wo Bellingshausen im April 1820 ankam. Einen Monat später verließ er mit der *Vostok* den Hafen Richtung Norden, da er den Winter damit verbringen wollte, den Pazifikraum zu erforschen. Doch die starken Winde trieben ihn nach Osten ab, weshalb er im Norden der Südinsel, in Queen Charlotte Sound, wieder auf die *Mirny* stieß.

11 Drehorte von »Herr der Ringe« (und ihre richtigen Namen)

Die Filmtrilogie *Herr der Ringe* von Regisseur Peter Jackson machte Neuseeland weltweit als »Mittelerde« bekannt. An folgenden elf Orten fanden die Dreharbeiten statt. Hier sind sie mit ihren richtigen Namen:

Mittelerde	Aotearoa / Neuseeland
Edoras	Mount Sunday
Hobbingen	Matamata
Mount Doom	Mount Ngauruhoe
Chetwood Forest	Takaka Hill
Pelennor	Twizel
Das tänzelnde Pony	Cardrona Hotel

Mittelerde	Aotearoa / Neuseeland
Fluß Anduin	Clutha / Rangitikei / Kaitoke
Nebelgebirge	Neuseeländische Alpen
Lothlórien (Goldener Wald)	Fernside (Featherston)
Bruchtal	Regionalpark Kaitoke

15000 Erdbeben

Neuseeland liegt am Pazifischen Feuerring, einem Vulkangürtel, und zugleich auf der pazifischen und der indo-australischen Platte. Es verwundert also nicht weiter, dass seismische Aktivitäten dort zum Alltag gehören. Am häufigsten sind Erdbeben zu beobachten, es kommt aber auch häufig zu Vulkanausbrüchen. Jahr für Jahr werden über 15000 Erdbeben aufgezeichnet, und etwa jedes zehnte ist stark genug, dass die Neuseeländer es bemerken.

Manche dieser Erdbeben können aber auch gewaltig sein, wie europäische Kolonisten 1840 feststellen mussten, als die soeben erst gegründete Stadt Wellington von mehreren Erdbeben erschüttert wurde. Fünfzehn Jahre später wurde Wellington von dem stärksten Erdbeben heimgesucht, das bis dahin aufgezeichnet worden war und 8,2 Punkte auf der Richterskala erreichte. Zum Glück gab es kaum Menschenleben zu beklagen, doch die Schäden an den Gebäuden waren erheblich, es kam zu Landrutschen und Überflutungen, da das Beben eine Flutwelle auslöste. In den folgenden Jahren wurden die meisten Neubauten in Holzbauweise errichtet, da diese einem Erdbeben besser standhalten.

Das verheerendste Erdbeben Neuseelands ereignete sich 1931, als die Stadt Napier auf der Nordinsel innerhalb von zehn Tagen zwei Erdbeben – mit einer Stärke von 7,8 beziehungsweise 7,3 auf der Richterskala – erleiden musste. Mehr als 250 Menschen starben, zahlreiche Gebäude stürzten ein, und das gesamte Stadtzentrum musste wieder aufgebaut werden.

In der neueren Geschichte ist 2011 das Jahr, in dem Erdbeben ihre zerstörerischste Wirkung entfalteten. Am 22. Februar 2011 ereignete sich in Christchurch auf der Südinsel ein Erdbeben der Stärke 6,3, das 200 Menschenleben forderte und einen Großteil des Stadtzentrums und Tausende von Häusern in den Vororten dem Erdboden gleichmachte. Noch Tage danach kam es zu einer Reihe von Nachbeben, von denen zwanzig mit einer Stärke von mindestens 5 aufwarteten. Im Jahr 2011 wurden insgesamt 59 Erdbeben dieser Kategorie in ganz Neuseeland aufgezeichnet, sieben davon erreichten mehr als 6 Punkte auf der Richterskala. Neuseeländer berichteten, dass in diesem Jahr 2460 Erdbeben erfasst wurden, weitaus mehr als üblich.

Und dann gibt es ja auch noch die Vulkane. Ein Großteil der neuseeländischen Landschaft ist durch vulkanische Aktivitäten geprägt (die größte Stadt Neuseelands, Auckland, wurde gar auf erloschenen Vulkanen gebaut), und auch heute noch gibt es eine nicht unerhebliche Anzahl aktiver Vulkane und Vulkanzonen. Am häufigsten aktiv sind die Vulkane Mountain Ruapehu, Tongariro, Ngauruhoe und White Island sowie Raoul Island der Kermadecinseln. Zu den Gebieten mit vulkanischer Aktivität zählen:

- Auckland Volcanic Field
- Kermadec Islands
- Mayor Island
- Ngauruhoe
- Northland
- Okataina

- Rotorua
- Ruapehu
- Taranaki / Egmont
- Taupo
- Tongariro
- White Island

1 sehr langer Spaziergang

Te Araroa (der Lange Pfad) ist ein etwa 3000 Kilometer langer Wanderweg, der sich vom obersten Nordzipfel Neuseelands (Cape Reinga) in den untersten Zipfel der Südinsel nach Bluff erstreckt. Er ist in rund 300 Abschnitte eingeteilt, die Wanderungen von ein bis zwei Stunden Dauer bis hin zu einem Fünftagesmarsch bieten, bei dem die volle Ausrüstung mitgebracht werden muss. Zum Te Araroa zählen alte Wanderwege und Pfade, neu angelegte Routen und Verbindungen zu normalen Straßen. Er gehört zu den längsten Wanderstrecken weltweit. Bevor sich Hunderte von Freiwilligen an die Umsetzung dieses gewaltigen Vorhabens machen konnten, vergingen Jahre der Planung.

Wer den Wanderweg in seiner ganzen Länge abschreiten möchte, sollte etwa vier Monate dafür einplanen. Die Strecke führt an der Küste entlang, durch Wälder und Felder, über Vulkane und Bergpässe, durch Flusstäler und auf Fußwegen durch sieben Städte.

Der Lange Pfad stammt ursprünglich aus den 1970er Jahren, und ist auf den Vorschlag des obersten Bergvereins zurückzuführen, dem sich später die neuseeländische Wanderpfadkommission, private Landbesitzer, die Naturschutzbehörde (DOC), Gemeinden und andere anschlossen, doch im Grund war es die Te Araroa Trust, die erkannte, wie wichtig es war, die Wege im Norden und Süden miteinander zu verbinden und zugleich neue Wege für das große Ganze zu schaffen. Für sein diesbezügliches Engagement hat sich A. H. Reed, einer der bekanntesten Wanderer Neuseelands, einen Platz in den Geschichtsbüchern verdient. Im Alter von 85 machte sich der Gründer des Buchverlags A. H. and A. W. Reed Publishing zwischen den Jahren 1960 und 1961 auf den

Weg und durchquerte ganz Neuseeland. Nach seinen Motiven für diese anstrengende Tour befragt, schrieb er in seinem Buch *From North Cape to Bluff*, dass er unbedingt einmal das ganze Land in gemächlichem Tempo durchwandern wollte. Ganz Neuseeland war begeistert, und der 85-Jährige gewann die Herzen der Neuseeländer. Am Wegesrand standen sie, klatschten ihm Beifall, boten ihm eine Tasse Tee an, hupten und winkten aus ihren Autos heraus, und selbst vollbesetzte Busse mussten anhalten, damit die Fahrgäste ihn anfeuern konnten. Auch Schulkinder säumten – wenn auch nicht freiwillig – seinen Wegesrand und ließen sich von diesem alten, hageren Wanderkönig in seinen Bann ziehen.

Da Neuseeland ein langes, schmales Land ist, bietet es sich als Herausforderung für wanderbegeisterte Abenteurer mit einem guten Paar Schuhe geradezu an. Te Araroa ist die perfekte Gelegenheit, die atemberaubenden Naturschauspiele und die Abgeschiedenheit Neuseelands zu Fuß zu erkunden.

Neuseeland in 16 unterschiedlichen Sprachen

Bosnisch:	Novi Zeland
Tschechisch:	Nový Zéland
Finnisch:	Uusi-Seelanti
Französisch:	Nouvelle-Zélande
Griechisch:	Νέα Ζηλανδία
Ungarisch:	Új-Zéland
Indonesisch:	Selandia Baru
Italienisch:	Nuova Zelanda
Polnisch:	Nowa Zelandia
Portugiesisch:	Nova Zelândia
Rumänisch:	Noua Zeelandă
Russisch:	Новая Зеландия
Slowenisch:	Nova Zelandija
Spanisch:	Nueva Zelanda
Schwedisch:	Nya Zeeland
Türkisch:	Yeni Zelanda

Namen, Leute und Orte

Die 40 beliebtesten Vornamen für Mädchen und Jungen

Die Hitliste der weiblichen Vornamen:

1. Ruby	15. Sophia	29. Stella
2. Olivia	16. Zoe	30. Alexis
3. Sophie	17. Lucy	31. Mila
4. Isabella	18. Mia	32. Maia
5. Charlotte	19. Paige	33. Abigail
6. Grace	20. Madison	34. Eden
7. Ella	21. Georgia	35. Elizabeth
8. Lily	22. Jessica	36. Samantha
9. Emily	23. Hannah	37. Isabelle
10. Amelia	24. Eva	38. Nevaeh
11. Chloe	25. Sienna	39. Lilly
12. Ava	26. Bella	40. Maddison
13. Isla	27. Holly	
14. Emma	28. Summer	

Die Hitliste der männlichen Vornamen:

1. Liam	15. Mason	29. Tyler
2. Joshua	16. Ethan	30. George
3. Oliver	17. Daniel	31. Connor
4. Lucas	18. Max	32. Xavier
5. William	19. Thomas	33. Jackson
6. Noah	20. Lachlan	34. Elijah
7. Samuel	21. Isaac	35. Eli
8. James	22. Riley	36. Leo
9. Benjamin	23. Levi	37. Logan
10. Jack	24. Blake	38. Caleb
11. Jacob	25. Jayden	39. Dylan
12. Ryan	26. Luke	40. Matthew
13. Cooper	27. Charlie	
14. Hunter	28. Alexander	

2 Dinge, die wie Kiwis heißen ... und 1 australisches Pferd!

▶ Rutherfordium

Rutherfordium ist ein stark radioaktives, künstlich erzeugtes Element, das nach langem Hin und Her den Namen des Neuseeländers Sir Ernest Rutherford erhielt. Der Physiker wurde für seine Erfolge auf dem Gebiet der Atomspaltung bekannt. Die damalige Sowjetunion machte zwar geltend, das Element 1964 als Erste erzeugt zu haben, als sie den Plutonkern Isotop ^{242}Pu mit beschleunigten ^{22}Neon-Ionen beschossen hatte. 1969 versuchten Forscher der Universität Kalifornien – erfolglos –, die russische Synthese zu wiederholen. Es gelang ihnen jedoch, das Element künstlich herzustellen, indem sie Kohlenstoff- und Californium-Isotope in einem Schwerionenbeschleuniger zusammenprallen ließen. Daraufhin zettelten die Amerikaner und Russen einen Streit an, da Letztere das auf diese Weise erzeugte Element, Nummer 104 im Periodensystem, entweder Dubnium (Db) nach dem Ort, wo die künstliche Erzeugung erfolgt war, oder Kurtschatowium (Ku) zu Ehren des sowjetischen Nuklearforschers Igor Wassiljewitsch Kurtschatow benennen wollten. Die Amerikaner wiederum bestanden darauf, das Element nach seinem Entdecker Sir Ernest Rutherford zu benennen. Noch während die Internationale Union für Reine und Angewandte Chemie die Ansprüche zu klären versuchte, erhielt das Element 104 die Bezeichnung Unnilquadium (Unq). Dieser provisorische Name ist Latein und bedeutet übersetzt die Ziffern 1, 0 und 4. Erst 1997 kam eine Einigung auf Rutherfordium zustande.

▶ **Der nukleare thermische Raketenantrieb Kiwi**
Die Überlegung, einen Raketenantrieb zu entwickeln, der mit Hilfe von Atomkraft betrieben wird, geht auf den Ersten Weltkrieg zurück. Damals waren aber

weder Flüssigkeitsraketen noch Atomkraft über das Stadium gedanklicher Experimente hinausgekommen und somit nichts weiter als Spekulationen über Spekulationen. Doch gegen Ende des Zweiten Weltkriegs zählten sowohl gigantische Flüssigkeitsraketen als auch Atomreaktoren zu den funktionierenden Technologien. Ein nuklear-thermischer Raketenantrieb (NTR) basiert auf einem recht einfachen Konzept. Ein leichter Treibstoff, normalerweise Wasserstoff, wird durch den Reaktorkern gepumpt, wo er stark erhitzt wird – auf etwa 2500 Grad Celsius – und beim Ausströmen die Rakete vorwärts treibt. Bei einem NTR ist der spezifische Impuls etwa doppelt so groß wie bei der Verwendung von flüssigem Sauerstoff als Treibstoff. Das verbesserte Massenverhältnis wird zum einen jedoch durch die Masse des Reaktors und zum anderen durch die Masse der Reaktorabschirmung wieder aufgehoben. Aus diesem Grund ist die Kommandokapsel bei vielen NTR-Raketen durch einen langen Träger vom Antriebssystem abgekoppelt, was die erforderliche Abschirmung verringert und zugleich Astronauten und Raketensystem schützt.

Der erste Bodentest eines NTR ging unter dem Namen Kiwi-A in die Geschichte ein und wurde 1959 von der US-amerikanischen Forschungseinrichtung Los Alamos durchgeführt. Dabei ging es lediglich um einen Machbarkeitsnachweis, die Rakete sollte nicht vom Boden abheben. Aus diesem Grund erhielt das Projekt den Namen Kiwi, nach dem neuseeländischen, flugunfähigen Vogel. Kiwi-A folgten Tests der Reaktoren Kiwi-A Prime und Kiwi-A3, die nur in minimalem Umfang verbessert worden waren, und dann Tests des Antriebs Kiwi-B mit einem ausgereiften Treibstoffsystem. Die letzten Kiwi-Tests fanden 1964 statt. Auch die verkleinerte Version des Kiwi, der sogenannte »Peewee« (auf Deutsch: der Kleine) wurde mehrmals getestet.

Obwohl diese Antriebe lediglich zu Testzwecken gebaut wurden und niemals tatsächlich abheben sollten, hatte die NASA gemeinsam mit der Atomenergiekommission ein Programm zur Entwicklung einer nuklear angetriebenen Raketenstufe für den bemannten Flug zum Mars (NERVA) ins Leben gerufen. Im Mai 1961 hatte der damalige US-Präsident John F. Kennedy der Entwicklung von NTR-Antrieben in seiner Rede über die erste bemannte Raumfahrt zum Mond höchste Priorität eingeräumt, was die Arbeit an dem Projekt beschleunigen sollte. Obwohl es noch erhebliche Probleme mit der Konstruktion gab, schritt die Entwicklung eines flugfähigen Testmodells einer NERVA-Raketenstufe voran, bis das Programm 1972 eingestellt wurde, nachdem die Nixon-Regierung das Budget der NASA für einen bemannten Raumflug zum Mars drastisch gekürzt hatte. Ende der achtziger Jahre wurde die Arbeit am NTR im Rahmen des

Militärprogramms »Timberwind« wieder aufgenommen. Doch der Zusammenbruch der Sowjetunion Anfang der neunziger Jahre führte dazu, dass ernsthafte Forschungen an dem NTR-Antrieb wieder auf Eis gelegt wurden.

Auch heute noch ist NTR attraktiv – und zwar in Bezug auf den bemannten Marsflug. Der bekannte Raumfahrtingenieur Robert Zubrin ist ein überzeugter Verfechter der Marsmission und hat einige sehr originelle Konzepte für den Einsatz von NTR-Antrieben entwickelt. Im Prinzip ist es möglich, eine NTR-Raketenstufe mit herkömmlichen Treibgasen zu betreiben. Das Treibgas liefert die Reaktionsmasse, während der Nuklearkern die erforderliche Energie erzeugt. Denkbar als Treibgas wären auch die natürlich auf anderen Planeten vorkommenden Gase. Wenn ein NTR-betriebenes Raumflugzeug sich auf dem Mars »volltanken« könnte, bräuchte es logischerweise auf dem Hinflug keinen Sprit für den Rückflug mitzunehmen.

Die Atmosphäre auf dem Mars besteht zu 95 Prozent aus Kohlendioxid (CO_2). CO_2 ist nicht gerade das beste NTR-Treibgas, da es lediglich einen relativ niedrigen spezifischen Impuls erzeugt, andererseits ist es auf dem Mars kostenlos erhältlich und lässt sich bei den auf dem Mars vorherrschenden Temperaturen verflüssigen, indem es auf den sechs- oder siebenfachen Erdatmosphärendruck komprimiert wird.

Auch unterirdische Wasservorkommen könnten als Treibstoff genutzt werden. Bei dieser Lösung – marseigene Treibstoffe – wären eine Orbitalrakete als Mutterschiff und ein Landegefährt überflüssig, was die Gesamtprojektkosten drastisch reduzieren würde. Bei dem Wiedereintritt in die Erdumlaufbahn könnte das Raumschiff quasi dort geparkt, betankt und erneut mit allem bestückt werden, was für einen weiteren Marsflug notwendig ist. Und damit gäbe es endlich einen Kiwi, der wirklich fliegen kann.

▶ Über einen Kiwi, der nach einem australischen Pferd benannt wurde

Phar Linton Adair Pickering erblickte am 11. April 1932 als zehntes von insgesamt elf Kindern von Charles und Ida Pickering das Licht der Welt. Er erhielt seinen Namen nach Phar Lap, dem wohl bekanntesten australischen Rennpferd, das erst eine Woche vor seiner Geburt gestorben war. Das Rennpferd war in Neuseeland zur Welt gekommen und galt lange Zeit als wohl das erfolgreichste Rennpferd, das bis zu seinem Tod die dritthöchsten Preisgelder weltweit erlaufen hatte. Das »Wunderpferd« gewann 37 seiner 51 Rennen, einschließlich des Melbourne Cups von 1930. **Phar** **L**inton **A**dair **P**ickering wurde als Heranwachsender übrigens Linton gerufen.

► 20 berühmte Australier, die alle in Neuseeland
   geboren wurden

Viele Kiwis wandern früher oder später nach Australien aus, da sie überzeugt sind, dass ein größeres Land
auch größere Chancen bietet:

Joh Bjelke Peterson	*Politiker*
Derryn Hinch	*Radiomoderator*
John Clarke	*Satiriker*
Phar Lap	*Rennpferd*
Clarrie Grimmett	*Cricketspieler*
Rebecca Gibney	*Schauspielerin*
Russell Crowe	*Schauspieler*
Alan Dale	*Schauspieler*
Rosalie Gascoigne	*Künstlerin*
Fred Hollows	*Augenarzt*
Karmichael Hunt	*Footballspieler*
Kevin Borich	*Gitarrist*
Harry M. Miller	*Veranstalter*
Willie Mason	*Spieler der National Rugby League*
Elizabeth Riddell	*Dichterin*
Keith Urban	*Countrysänger*
Kate Webb	*Kriegsberichterstatterin*
Richard Wilkins	*Fernsehmoderator*
Holly Valance	*Sängerin*
Nancy Wake	*Bekannteste Kämpferin der französischen Resistance gegen das Nazi-Regime*

8 neuseeländische Schriftsteller und ihre Künstlerna-
men:

Owen Jones	*Owen Marshall*
Kevin Jowsey	*Kevin Ireland*
Kathleen Beachamp	*Katherine Mansfield*
Iris Wilkinson	*Robyn Hyde*
Norris Davey	*Frank Sargeson*
Kate Flannery	*Kate de Goldi*
Judith Blumsky	*Mike Minehan*
Edith Lyttleton	*G. B. Lancaster*

37 Orte in Neuseeland, die nach einem Wissenschaftler benannt wurden

Im Jahr 1770 nannte Kapitän James Cook Banks
Island (die, wie sich später herausstellte, keine Insel,
sondern eine Halbinsel ist) und Solander Island nach
den Botanikern, die ihn bei seiner Expedition begleiteten: zum einen der britische Botaniker Joseph
Banks und zum anderen der schwedische Naturforscher Daniel Solander, zugleich Cooks Mentor
und Freund. Zum ersten Mal in der Geschichte wurden Orte nach Wissenschaftlern benannt. Jahre später folgten Entdecker, Landvermesser und Geologen
Cooks Beispiel. Noch heute gibt es in Neuseeland
mehr nach Wissenschaftlern benannte Orte als in
irgendeinem anderen Land.

Nicht lange nach Cooks Expedition erreichte eine spanische wissenschaftliche Expedition, die von 1789 bis 1794 dauerte und von Alejandro Malaspina geleitet wurde, den Fjord Doubtful Sound. Malaspina benannte die Felsinseln Nee Islets nach dem Botaniker Luis Neé. Im Jahr 1827 nannte der französische Entdecker Dumont d'Urville die Felsinsel im Osten des Colville Channel Cuvier Island nach dem bedeutenden französischen Anatom und Paläontologen Georges Cuvier F. R. S.

Der deutsche Naturforscher Ernst Dieffenbach arbeitete von 1838 bis 1841 für die New Zealand Company, deren Zweck es war, die Kolonisierung Neuseelands zu fördern. 1839 wurde die Westspitze der Insel Arapawa Dieffenbach Point getauft. Im Jahr 1841 reisten Dieffenbach und Kapitän William Cornwallis Symonds über Land von Auckland an den Lake Taupo und Rotomahana, und Symonds schrieb in seinem Tagebuch davon, dass sie mehrere heiße Quellen in Tokaanu (im Südwesten von Lake Taupo) nach den gefeierten Chemikern Sir Humphry Davy, Gay-Lussac, Faraday, Graham, Thomson, Liebig, Arago, Berzelius und Mitscherlich benannten.

Nach der Ankunft der französischen Siedler in Akaroa 1840 wurden mit zeitlichem Abstand zwei französische Schiffe dort stationiert, die die junge Kolonie unterstützen sollten. M. E. Raoul wurde als Chirurg eingesetzt, führte aber intensive Studien der neuseeländischen Botanik durch. Kein Wunder, dass sein Kollege, der Präsident der Royal Society Joseph Dalton Hooker die Gattung *Raoulia* – auf Deutsch: Schafsteppich – ihm zu Ehren so nannte. Außerdem taufte der Botaniker Thomas Frederick Cheeseman (1846 bis 1923) die größte der Kermadecinseln in Raoul Island um.

Julius von Haast, der von der Kolonie dazu aufgefordert worden war, Neuseeland in geologischer Sicht zu erforschen, reiste und erforschte hauptsächlich die Südinsel, weshalb dort fast jedes Fleckchen Erde seinen Namen oder den seiner geschätzten Kollegen und Freunde trägt:

- Buckland Peak und Buckland Stream erhielten ihren Namen nach dem Geologen William Buckland
- Mount Davy wurde nach dem Chemiker Humphry Davy benannt
- Mount Herschel nach dem Astronomen William Herschel
- Mount Mantell nach Dr. Gideon Algernon Mantell, der Überreste von Dinosauriern entdeckt hatte
- Mount Murchison, River Murchison und der kleine Ort Murchison nach dem schottischen Geologen Roderick Impey Murchison
- Mount Newton nach dem genialen Wissenschaftler Isaac Newton
- Sabine River nach dem Landvermesser Edward Sabine.

Haast war schlau genug, um zu wissen, dass es ihn selbst in weiten Kreisen bekannt machen würde, wenn er die unterschiedlichsten Orte nach Wissenschaftlern benennen würde. Sein Plan ging auf, und nicht nur das: Damit sicherte er sich ihre öffentliche Unterstützung. Am 9. Juni 1862 schrieb er dem bekannten Botaniker William Jackson Hooker und schwärmte ihm von dem großen Gletscher vor, den er nach ihm Hooker Glacier getauft hatte, und von dem Hooker River. Hier der genaue Wortlaut seines Schreibens:

An den Geologischen Dienst
Christchurch
Canterbury, Neuseeland
9. Juni 1862
Zu Händen Sir Will. Hooker, Bart. F. R. S.,
Direktor der Königlichen Botanischen Gärten, etc., Kew.

Sehr verehrter Sir William,
als ich mich an die Erforschung der Neuseeländischen Alpen machte, die bis dato gänzlich unbekannt waren, nahm ich mir fest vor, inmitten all dieser unberührten Gipfel und Gletscher für meine illustren Zeitgenossen eine Art Pantheon oder Walhalla zu schaffen. Es war mir aus diesem Grunde ein außerordentliches Vergnügen, einen beeindruckenden Gletscher mit einer Breite von etwa 1000 Metern an seiner Gletscherstirn, der auf

der südwestlichen Seite des Mount Cook abfällt, nach Ihnen – also Hooker Glacier – zu nennen und den Fluss, der aus seinem eisigen Gewölbe entspringt Hooker River. Letzterer mündet in den Tasman River, der dann den Lake Pukaki ausbildet, und zweifelsohne einer der überwältigendsten Alpenseen der uns bekannten Welt ist. Es wäre mir eine Ehre gewesen, wenn ich einen Berg nach Ihrem Sohn Dr. J. Hooker, der sich durch seine Beschreibungen unserer bemerkenswerten Fauna einen Namen gemacht hat, hätte nennen können, aber bedauerlicherweise habe ich bereits eine Bergkette am rechten Ufer des Flusses Grey Hooker Range getauft.

Ich habe die Absicht, Ihnen und Dr. J. Hooker in Bälde eine Landkarte von dieser unberührten, wilden Landschaft sowie einige Aquarellzeichnungen zukommen zu lassen. Dann werden Sie sich ein besseres Bild von der Arbeit Ihres Patenkinds machen können und mir sicherlich zustimmen, wenn ich behaupte, dass die Neuseeländischen Alpen nicht nur mit den europäischen mithalten können, sondern in vielerlei Hinsicht sogar beeindruckender sind. Ich habe schon eine nicht unerhebliche Anzahl Ableger und Samen von Alpengewächsen gesammelt, die ich Dr. Jos. Hooker zukommen lassen will. Mit dem allergrößten Respekt bleibe ich, Sir William,

Ihr ergebenster
Julius Haast.

Nach Haast selbst wurden der Haast Pass und der Haast River benannt. Ein Gestein (Haast-Schiefer), mehrere Pflanzenarten und ein ausgestorbener Riesenadler (Haastadler oder *Harpagornis moorei*, der größte Greifvogel aller Zeiten) tragen ebenfalls seinen Namen.

Der 1859 zum stellvertretenden Landvermesser für die Provinz Otago bestellte James McKerrow liebte es ebenfalls, Orte nach berühmten Wissenschaftlern zu benennen. Im Zuge seiner Erforschung der Otago Seenlandschaft von 1861 bis 1864 vergab er die folgenden Namen:

- Mount Ansted nach dem schottischen Geologen David Thomas Ansted
- Dana Peak nach dem amerikanischen Geologen James Dwight Dana
- Cosmos Peak nach Humboldts Hauptwerk *Kosmos*, einer Synthese des gesamten Wissens seiner Zeit
- Mount Bonpland nach Humboldts Kollegen, dem französischen Botaniker Aimé Bonpland.

Zu erwähnen wären dann noch die Kepler Mountains westlich von Lake Te Anau, dessen Name auf den großen deutschen Astronom Johannes Kepler zurückgeht. Auf der Südinsel wimmelt es von Orten namens Franklin, aber nicht nach Benjamin Franklin, sondern nach John Franklin, dem Erforscher der

Arktis und Gouverneur von Van Diemensland. Der Paparoa Range ist ein Gebirgskamm an der Küste zwischen Greymouth und Westport, und so mancher Flecken entlang des Kamms trägt den Namen eines berühmten Wissenschaftlers. Vom Süden nach Norden aus gesehen beginnen wir mit Mount Pasteur nach dem französischen Biologen Louis Pasteur, Mount Einstein nach dem bekannten deutschen Physiker Albert Einstein und zu guter Letzt Mount Rutherford nach dem Physiker Ernest Rutherford.

4 berühmte Besucher Neuseelands

▶ George Bernhard Shaw – 1934

Der Dramatiker und Kritiker George Bernard Shaw hat während seines monatelangen Aufenthalts in Neuseeland auf viele Menschen einen bleibenden Eindruck hinterlassen. Wo immer er auch war, entpuppte er sich als Publikumsmagnet. Die Zuschauer strömten in Scharen zu seinen Auftritten, weil sie genau wissen wollten, was er über alle möglichen Dinge – vom Tourismus bis zur Schulmilch – zu sagen hatte, und seinen beißenden Spott hören wollten. Nicht anders als andere sozialkritische Persönlichkeiten der damaligen Zeit war Neuseeland auch für Shaw eine Art gesellschaftliches Experiment: Diese Gesellschaft ohne bestehende Klassen, der

Wohlstand für (fast) alle, das freundliche Klima und die Weitläufigkeit des Landes schien eine faire und gerechte Gesellschaftsform zu erzeugen, deren Mitglieder fit und gesund waren. Bei seinem Aufenthalt in Rotorua machte Shaw einen Abstecher zu den heißen Quellen der Stadt und war so beeindruckt davon, dass er die Gegend spontan in »Hell's Gate« (Höllentor) taufte, und so heißt sie heute noch.

▶ Mark Twain – 1895

Einer der bekanntesten Amerikaner, der im 19. Jahrhundert nach Neuseeland reiste, war der Schriftsteller Mark Twain (der mit echtem Namen Samuel Clemens hieß). Im Jahr 1895 – Twain war fast sechzig und pleite – machte er sich auf eine einjährige Lesereise durch die ganze Welt, weil er seine Schulden begleichen wollte. In Begleitung seiner Frau Olivia und seiner Tochter Clara durchquerte er den Norden Amerikas, segelte von Seattle aus in die Südsee und arbeitete sich nach Australien und Neuseeland vor, bevor er sich Indien und Südafrika vorknöpfte, um sich dann in England niederzulassen, wo er das Buch *Meine Weltreise nach Indien* (im Original *Following the Equator*) schrieb, in dem er ausführlich von seiner Tour berichtete. Obgleich er sich selbst mit den Worten »alt, pleite, krank und deprimiert« beschrieb, schaffte es Twain immer wieder, vor ausverkauftem Haus zu lesen und das Publikum zu begeistern – in Auckland ebenso wie in Kalkutta oder Kapstadt. Irgendwie muss er wohl das Äquivalent eines heutigen alternden Rockstars gewesen sein, denn er wurde auf Schritt und Tritt von Reportern verfolgt und musste ein Interview nach dem anderen geben. Twain beherrschte den Umgang mit der Presse meisterhaft und verwöhnte sie mit Sprüchen, die es mehr als wert waren, zitiert zu werden. So sagte er einmal über die Ansprüche beim Reisen: »Man weiß so viel mehr über ein Land, wenn man noch nicht dort gewesen ist, als wenn man erst mal vor Ort ist.« Seine Lesereise und auch das anschließend veröffentlichte Buch darüber waren ein Riesenerfolg – und seine Schulden abbezahlt.

▶ Rudyard Kipling – 1891
Als Rudyard Kipling 1891 nach Neuseeland reiste, betrat er vermutlich das letzte unbesiedelte Fleckchen Erde in einem Land, das nicht weiter von den traditionellen Zivilisationen der nördlichen Hemisphäre entfernt hätte sein können und in dem es noch zahlreiche Naturwunder zu bestaunen gab. In den Augen von Kipling war Milford Sound das achte Weltwunder, und für Auckland fand er die häufig zitierten Worte: »Last, loneliest, loveliest, exquisite, apart / On us, on us the unswerving season smiles / Who wonder 'mid our fern why men depart / To seek the Happy Isles!« (Auf Deutsch in etwa: Auf ewig,

einsam, liebenswert, exquisit, und abgeschieden. Uns lockt die rechte Zeit. Wen wundert's inmitten des Farns, weshalb die Männer aufbrechen, um die Happy Isles zu suchen!) Invercargill beschrieb er als »letzten Laternenpfahl der Welt«.

▶ Samuel Butler – 1860–64

Ergindwo oder jenseits der Berge war Butlers erster Roman. Inspiriert von den vier Jahren, die er als Schafzüchter auf der Südinsel verbracht hatte, flossen seine Erfahrungen in dieses Buch ein. Ergindwo (im Original: Erewhon), der Name des frei erfundenen Landes, in dem seine Geschichte spielt, ist ein wilder Buchstabenmix und steht für nichts anderes als für Nirgendwo. (Auch Dylan Thomas wandte einen ähnlichen Trick an, denn Laugharne war Vorbild für den fiktiven Waliser Ort Llareggub in dem in dieser Zeit entstandenen Stück *Unter dem Milchwald*.)

4 unschöne Zitate über Neuseeland

Offenbar wusste nicht jeder zu schätzen, was Neuseeland zu bieten hat …

»Schreckliche Tragödie in der Südsee. Drei Millionen Gefangene.«
Thomas Jefferson Scott

»Ich kann nichts darüber sagen; als ich dort war, hatte schon alles geschlossen.«
Sir Clement Freud

»Wem zum Selbstmord der Mut fehlt, sollte es mal mit einem Aufenthalt in Palmerston North probieren.«
John Cleese

»Der erste Europäer, der in Neuseeland landete, war ein niederländischer Kapitän auf der Suche nach etwas ganz anderem … Der Name dieses Landes ist von einer holländischen Provinz abgeleitet, mit der nicht die geringste Gemeinsamkeit besteht, außerdem gilt Neuseeland als absolutes Gegenteil dessen, was Großbritannien zu bieten hat, aber das stimmt überhaupt nicht. Es wurde von einem britischen Seefahrer in Besitz genommen, aber die Regierung seines Heimatlandes machte diesen Schritt später wieder rückgängig. Im Grunde wurde es nur deshalb von der britischen Regierung annektiert, um die Franzosen zu ärgern, die – im Gegensatz zu den Briten – doch glatt an dem Land interessiert waren.«
William Pember Reeves

30 Monopolisten aus dem Telefonbuch

Die häufigsten Nachnamen:

1. Smith	11. King	21. Patel
2. Williams	12. Johnson	22. Clark
3. Brown	13. Singh	23. Baker
4. Wilson	14. Martin	24. Davis
5. Taylor	15. White	25. Gray
6. Jones	16. Robinson	26. Scott
7. Anderson	17. Thomas	27. Hall
8. Thompson	18. Campbell	28. Stewart
9. Walker	19. Edwards	29. Roberts
10. Harris	20. Lee	30. Young

Crime & Mystery

Die 7 häufigsten Verbrechen,
für die Neuseeländer einsitzen

- Besitznahme, Erhalt oder Gebrauch von Dokumenten zur Erlangung eines Vermögensvorteils
- Rechtswidriger Gebrauch eines Kraftfahrzeugs
- Fahren ohne gültige Fahrerlaubnis (mindestens dritte Verurteilung wegen dieses Vergehens)
- Einbruchsdiebstahl (bis zu NZ-Dollar 5000,–)
- Unsittlicher Angriff auf eine Minderjährige (unter 12 Jahre)
- Nichteinhaltung von Bewährungsauflagen
- Fahren unter Alkoholeinfluss (mindestens dritte Verurteilung wegen dieses Vergehens).

Die 9 seltensten Verbrechen, für die Neuseeländer derzeit eine Gefängnisstrafe absitzen

- Sodomie
- Bestechung eines Polizeibeamten
- Gefährlicher Eingriff in den Straßenverkehr

- Randale
- Parken auf einem gebührenpflichtigen Parkplatz ohne gültigen Parkschein
- Besitz eines Luftgewehrs von Jugendlichen unter 18 Jahren ohne gültigen Waffenschein
- Volksverhetzung
- Sklavenhandel
- Rechtswidriges Frisieren von Zweirädern.

25 neuseeländische Gangs

Die neuseeländische Polizei schätzt, dass es rund 6000 bunt zusammengewürfelte ethnische Gangs, illegale Motorradclubs und Jugendbanden gibt. Zu den bekanntesten zählen Black Power, der Mongrel Mob und die Nomaden. Außerdem gibt es etwa 60 000 Anwärter (die sogenannten »Hangarounds«, da sie vor den Clubs »herumhängen«). Die größeren Banden beherrschen den Methamphetamin-Markt des Landes mit einem geschätzten Umsatzvolumen von 1 Milliarde NZ-Dollar.

In Neuseeland gibt es diese Gangs:

- Black Power
- Devil's Henchmen
- DMS (Dope Money Sex)
- Epitaph Riders
- Filthy Few MC
- Forty-Fives MC
- Greasy Dogs
- Head Hunters
- Hells Angels
- Highway 61 MC

- King Cobras
- Lone Legion MC
- Lost Breed MC
- Mongrel Mob
- Mothers MC
- Nomads
- Rebels MC
- Road Knights
- Satan's Slaves
- Sinn Fein
- Storm Troopers
- The Lost Breed
- The Outcasts
- The Southern Vikings
- Tribesmen MC

3 Verschwörungstheorien, die sich beharrlich halten

▶ Der Tod von Norman Kirk

Für viele Leute kam der Tod des neuseeländischen Premierministers 1974 völlig überraschend und ließ sich auch nicht mit seiner Krankheitsgeschichte erklären. Sie waren davon überzeugt, dass etwas anderes – irgendwelche bösen oder dunklen Mächte – dahintersteckte. Sicherlich hat auch so mancher Aspekt des neuen Programms der Labour-Regierung die Gemüter erregt. Nach seinem Wahlsieg 1972 hatte sich Kirk rasch für eine unabhängigere Position Neuseelands in Sachen Außenpolitik stark gemacht. Von seiner Partei organisierte Protestkundgebungen gegen französische Atomwaffentests auf Muroroa standen damals auf der Tagesordnung. Außerdem entsandte er zwei Marinefregatten in das Testgebiet und verbannte

Schiffe, die Atomwaffen an Bord haben könnten, aus den Küstengewässern Neuseelands, was insbesondere den Unmut der Vereinigten Staaten von Amerika erregte. Wer weiß, ob die beiden Supermächte Amerika und Frankreich nicht den dringenden Wunsch verspürten, so schnell wie möglich einen Schlussstrich unter solche politischen Aktionen zu ziehen, und zwar noch bevor sich andere Nationen dieser ketzerischen Stimmung gegen Atomwaffen anschlossen?

▶ Die *Mikhail Lermontov*

Im Februar 1989 lief das russische Passagierschiff *Mikhail Lermontov* während einer Neuseelandkreuzfahrt auf einen Unterwasserfelsen in der Nähe von Marlborough auf und sank. Obwohl es zunächst aussah wie ein »ganz normaler« Schiffsunfall, brodelte schon bald darauf die Gerüchteküche, und es gab die wildesten Spekulationen. Schließlich stand fest, dass der Lotse, der das Schiff aus Picton herausgesteuert hatte, die *Mikhail Lermontov* durch eine gefährliche, felsige Engstelle manövriert hatte, die üblicherweise nur von kleineren Schiffen genutzt wird, und das obwohl der wachhabende Erste Offizier ernsthafte Bedenken angemeldet hatte. Beim Passieren dieser Engstelle lief das Passagierschiff auf einen Unterwasserfelsen auf und erlitt dabei starke Bodenschäden. Daraufhin wurde der Versuch unternommen, das sinkende Schiff bei Port Gore Bay zu stranden. Dem

Kapitän gelang es sogar, dass das Schiff auf Grund auflief, doch die Anker ließen sich nicht setzen, weshalb die *Mikhail Lermontov* mit heftiger Schlagseite wieder in tiefere Gewässer abgetrieben wurde. Ein paar Stunden später konnten die Passagiere und die Mannschaft – bis auf ein Besatzungsmitglied, das allem Anschein nach ertrunken ist – auf ein anderes Schiff übernommen und somit gerettet werden. Kurz darauf sank die *Mikhail Lermontov*.

Bei der anschließenden Untersuchung stellten Augenzeugen die Sachlage anders dar als die Russen, und es gab widersprüchliche Aussagen darüber, ob nun der Lotse oder der russische Kapitän zum Zeitpunkt des Unglücks auf der Brücke stand. Außerdem wurde festgehalten, dass sich die Rettungsboote in einem miserablen Zustand befanden. Die Zeugenbefragung fand hinter verschlossenen Türen statt, was Spekulationen über das Unterschlagen von Beweisen Auftrieb gab. Die Untersuchung ergab schließlich, dass der Kapitän das Unglück zu verantworten hatte, doch die Gerüchteküche wollte dennoch nicht verstimmen. Die Gerüchte brodelten umso heftiger, da der Kapitän der Öffentlichkeit verschwieg, was sich an dem Unglückstag wirklich ereignet hatte. Eine der wildesten Theorien besagt, dass es sich um eine Verschwörung des russischen KGB handelte, der das Schiff versenken wollte, um es von russischen U-Booten als eine Art Peilsender zu benutzen.

▶ Big Brother hört wirklich mit

In Neuseeland gibt es drei Stützpunkte, von denen aus Lauschangriffe durchgeführt werden können: in Harewood (Christchurch Airport), Tangimoana (Manawatu) und Waihopai (Marlborough).

Der Harewood-Stützpunkt untersteht den US-amerikanischen Streitkräften und ist Teil deren militärischen Operation *Deep Freeze*, während die beiden anderen Stützpunkte dem neuseeländischen Ministerium für Kommunikationssicherheit unterstehen – wobei allerdings gemunkelt wird, dass bei Letzteren geheime Absprachen mit der US-Regierung bestehen. So mancher Neuseeländer ist davon überzeugt, dass alle drei Stützpunkte Außenposten der US-amerikanischen nachrichtendienstlichen Aufklärung und Teil eines internationalen Netzwerkes des US-amerikanischen Geheimdienstes NSA sind. Insbesondere die Einrichtung zur Kommunikationsüberwachung in Waihopai Valley gehört nachweislich zum weltweit operierenden Spionagesystem ECHELON, das dem britischen und US-amerikanischen Geheimdienst unterstellt ist. ECHELON ist angeblich in der Lage, Telefongespräche abzuhören und die Kommunikation über Faxe und Computer sowie E-Mails weltweit abzufangen. In Waihopai konzentriert man sich allerdings auf die Überwachung der Datenkommunikation in Neuseeland und einigen seiner Nachbarstaaten aus dem Pazifikraum und Asien.

4 legendäre Verbrechen

▶ Amy Bock – Trickbetrügerin

Amy Maud Bock (1859–1943) war eine aus Tasmanien stammende Hochstaplerin, die sich ihre Opfer in Neuseeland suchte und unzählige Male gegen geltendes Gesetz verstieß. Ihr zur Last gelegt wurden illegale Nachahmung, Betrug, Fälschung, insbesondere aber die Vorspiegelung falscher Tatsachen. Für die Einwohner von Dunedin war die Sache jedoch klar: Berüchtigt wurde sie vor allem, als sie 1909 die Tochter der Inhaber der Pension *The Nuggets* in dem kleinen Badeort South Otago heiratete. Sie selbst war damals 45 Jahre alt, ihre »Braut« 32. Amy Bock war 25 Jahre zuvor aus Victoria gekommen, und zum Zeitpunkt ihrer Liebschaft in der Pension hatte sie bereits mehrere Gefängnisstrafen in Christchurch, Wellington, Dunedin, Oamaru und Timaru abgesessen. Sie war wegen Vorspiegelung falscher Tatsachen, Urkundenfälschung und Diebstahl zu Freiheitsstrafen von bis zu drei Jahren verurteilt worden. Ihre letzte und wohl herzloseste Straftat – die »Eheschließung« – war im Prinzip nichts anderes als die praktische Zurschaustellung dessen, was sie bei ihrer letzten Festnahme kundgetan hatte, als sie den Polizisten erklärte: »Ich habe es so satt, Männer zu betrügen, sie sind so weichherzig, gutgläubig und gehen einem so schnell auf den Leim.« Es wäre wohl absurd abzustreiten, dass ihre Überzeugung auf langjähriger Erfahrung beruht.

Amy Bock war schon mehrfach unter falschem Namen aufgetreten – Shannon, Channel, Vallane und Skevington waren die am häufigsten von ihr genutzten –, ihre »Ehe« mit Miss Ottaway schloss sie jedoch in großem Stil als »Percy Carol Redwood«. Die offizielle Trauung nahm ein anglikanischer Vikar vor, der von dem örtlichen Geistlichen der Presbyterianischen Kirche unterstützt wurde. Zu ihren Geschenken für die »Braut« gehörte Schmuck im Wert von 100 Pfund, die sie sich in Dunedin unter falschem Namen erschlichen und für die sie als Bürgen ihren künftigen »Schwiegervater« angegeben hatte. Die Flitterwochen hätten in Melbourne stattfinden sollen, und sie konnte einen Dritten bequatschen, die Tickets für das Dampfschiff zu kaufen. Die großzügige und charmante Art des »Percy Redwood« ist wohl der Grund dafür, dass alle vom *The Nuggets* für ihn schwärmten. Obendrein vermittelte er das Gefühl, es sei mehr als genug Geld vorhanden, das mit beiden Händen ausgegeben werden könnte. Deshalb wunderte es nicht weiter, dass sein falsches Spiel das Herz von Miss Ottaway eroberte. Als Percival Redwood schlüpfte Amy Bock in die Rolle eines Pfeife rauchenden, gut gekleideten Gentlemans von kleiner Gestalt und mit hoher Stimme. »Percy« erregte in der ganzen Kleinstadt Aufsehen – sein kleines, verrunzeltes Gesicht und sein keckes und aufgewecktes Auftreten weckten die Neugier der Einwohner. Einer von ihnen beschrieb ihn als »neugierig aussehenden kleinen Kauz«, und wenn überhaupt über ihn nachgedacht wurde, ging es in die Richtung, dass er »lediglich einem ganz besonderen Menschenschlag« angehöre.

In der Zwischenzeit suchte sich die Polizei dumm und dämlich. Dieses Mal wollte sie ihre gute alte Freundin Amy Bock schnappen, weil sie einen Kaufvertrag gefälscht hatte, aufgrund dessen sie das Mobiliar und den Hausrat ihres damaligen Arbeitgebers – einer wohlhabenden Familie, bei der sie als Hausangestellte tätig gewesen war – verscherbelt hatte. Die Suche hatte ein Ende, als sich die polizeilichen Ermittlungen auf einen Mann aus Dunedin konzentrierten, der öffentlich über das Geschlecht von Amy gerätselt hatte. Am Abend ihrer Hochzeit wurde sie festgenommen und nach Dunedin verbracht. Ein Augenzeuge, der ihre Ankunft in Begleitung mehrerer Polizeibeamten mitverfolgt hatte, sagte später, dass sie jeder Zoll ein Mann gewesen sei, »die Hände tief in den Taschen eines modernen grauen Übermantels vergraben, nicht anders als ein Mann es tut, dem ein strenger Wind um die Nase pfeift, und der dünne Unterwäsche trägt.«

Ihre Auftritte vor Gericht lockten Scharen sensationslüsterner Zuschauer an, und die Enttäuschung der Öffentlichkeit war riesig, als klar wurde, dass es nicht zu einem Aufsehen erregenden Prozess kommen würde. Amy Bock gestand die schlimmsten Verbrechen, die ihr von der Staatsanwaltschaft vorgeworfen wurden, und wurde bei ihrem Prozess vor dem Supreme Court wegen Vortäuschens, ein Mann zu sein, Urkundenfälschung, Vorspiegelung falscher Tatsachen und Diebstahls, erneut zu einer mehrjährigen Gefängnisstrafe verurteilt. Das dürfte für sie nichts Neues gewesen sein, denn schließlich war sie schon knapp ein Vierteljahrhundert in neuseeländischen Gefängnissen eingesessen. Kurz nach ihrer Verurteilung reichte ihre »Ehefrau« die Scheidung ein. In Rechtskreisen stand fest, das seine solche »Ehe« nicht förmlich für null und nichtig erklärt werden musste, doch der Ordnung halber wurde die Ehe dann doch offiziell geschieden.

Die nationale Presse spielte verrückt. Kurze Zeit später kursierten im ganzen Land Witze über Bocks Gaunereien. Postkarten und ein Büchlein mit dem Titel *The Adventures of Amy Bock* wurden veröffentlicht, da man sich die Gelegenheit nicht entgehen lassen wollte, eine hübsche Summe Geld an der Geschichte zu verdienen. Amy Bock stand 1931 das letzte Mal vor Gericht, als ihr Betrug in mehreren Fällen vorgeworfen wurde. Sie wurde zu zwei Jahren Gefängnis auf Bewährung verurteilt, als Aufenthaltsort legte das Gericht ein Heim der Heilsarmee fest.

Sie nahm das Urteil an und kam in fortgeschrittenem Alter erstmals zur Ruhe – und starb schließlich im August 1943.

▶ Der Mangamahu-Mord von 1921

Mervyn Addenbrooke wurde 1901 in Mangamahu geboren und arbeitete dort als Farmhelfer. Den Tag, an dem George Gordon die Kehle durchgeschnitten wurde, beschreibt Addenbrooke mit seinen eigenen Worten so:

»George Gordon war ein Mann in seinen Vierzigern, der die Jahre zuvor als Buschmann unterwegs war. Während ich für Cecil tätig war, arbeitete er hauptsächlich als Straßenarbeiter und übernahm hin und wieder Aushilfsarbeiten für Farmer. George und ich teilten uns eine Hütte, die etwa 500 Meter vom Hof entfernt direkt neben der Straße lag. George schlief in dem großen Zimmer mit dem Kamin, während ich das kleinere an der Hausrückseite nahm. George stürzte regelmäßig ab, soll heißen, etwa alle sechs Wochen bis zwei Monate soff er sich eine Woche lang die Birne zu, meist gemeinsam mit seinen Saufkumpanen, und später ging es dann mit Grog im Mangamahu Hotel weiter. Dieses Mal hatte sich sein Absturz schon über zwei Wochen hingezogen, und ich hatte kaum eine Nacht schlafen können. Eines Nachts geriet ich mit Jack Kinsella, einem seiner Saufkumpane in Streit, weil er die Finger nicht von meinem Akkordeon lassen konnte und bei der Lautstärke an Schlaf nicht zu denken war. Ich musste mich schwer zusammenreißen, denn er drohte, mir den Schädel einzuschlagen – ein Angebot, das ich dankend ablehnte.

Als ich mich am nächsten Morgen zur Arbeit aufmachte, war George nüchtern genug, um seine Axt mit einer Feile zu schärfen. Ich hatte noch zu Cecil gemeint, dass bestimmt noch etwas Schlimmes passiert, so wie sich die Dinge zuspitzten. Mir gehörte ein Schlachtermesser mit einer langen Klinge, das Kinsella aus dem Schrank genommen und mit dem er George bedroht hatte. Er hatte das Messer mit dem Messerrücken an seine Kehle gesetzt und so getan, als würde er sie ihm durchschneiden. George meinte noch verächtlich zu ihm: ›Das geht besser, Jack!‹

Am 22. Juli 1921 kam ich gegen 17.30 Uhr von der Arbeit nach Hause und sah nach den Kühen, als Cecil zu mir meinte, ich soll meine Bettsachen doch ins Haus zu ihr bringen, damit ich wenigstens diese Nacht eine Mütze voll Schlaf bekäme, da das Saufgelage anscheinend weiterging. Mir war das nur recht, und so ging ich in die Hütte, um mich zu waschen und für das Abendessen umzuziehen, zu dem mich Cecil eingeladen hatte. Ich ging durch die offenstehende Tur in den dunklen Raum, und dabei hatte ich das Gefühl, der Boden wäre klebrig. Ich entzündete ein Streichholz, und ein mächtiger Schreck fuhr mir in die Glieder: Ich erkannte George, dessen Kopf fast ganz abgetrennt worden war, aber noch an ein paar Hautfetzen auf seine Schulter herabhing. Er war ein großer, korpulenter Mann gewesen, der jede Menge Blut verloren haben musste, denn der halbe Boden war voll damit. Noch während ich im Raum war, konnte ich hören, wie Kinsella einem weiteren Mann – beide sturzbetrunken – sagte, dass er, Kinsella, George umgebracht hätte, weil sein alter Kumpel aus Buschzeiten ihn darum gebeten hätte. ›Er wollte, dass ich ihm die Kehle durchschneide. Er lag auf dem Boden und wollte, dass ich das tue. Und ich habe das dann getan.‹

Ich stürzte aus dem Raum, rannte meinen Cousin über den Haufen und erzählte Cecil von dem Mord, dass George die Kehle aufgeschlitzt worden sei. Cecil schickte mich zu Jim Campbell, der sofort zu ihm kommen sollte, da Cecil Angst um seine Familie hatte. Jim saß gerade beim Essen, als ich hineinstürzte und ihm erzählte, was passiert war. Er bestand jedoch darauf, erst mal in Ruhe zu Ende zu essen. Ich stand neben ihm, trat von einem Fuß auf den anderen und wartete angespannt ab.

Wir kamen gerade noch rechtzeitig, um Kinsella und den anderen Mann auf ihrem Weg ins Haupthaus zu erwischen, von wo aus sie die Polizei rufen wollten, wie sie uns erzählten. Wir versuchten, sie zu beruhigen. Jim ließ Kinsella nicht aus den Augen, und ich passte auf den anderen Kerl auf. Kinsella schien langsam wieder nüchtern zu werden und redete sich heraus, dass er das Pferd satteln wollte, aber vielleicht wollte er von dem ziemlich hohen Felsen direkt neben der Hütte in den Whangaehu River springen. Wir sorgten dafür, dass sie blieben, wo sie waren. Erst eine Stunde später kamen Nachbarn und halfen uns, die beiden in Schach zu halten. Dann fing es an zu regnen, und wir alle suchten Schutz in dem Wollschuppen an der Straße. Dort flößten die Nachbarn Kinsella ab und zu einen Schluck Whisky ein, um ihn zu beruhigen.

Als dann das Polizeiauto eintraf, dessen Blaulicht wir schon von Weitem gesehen hatten, schrie jemand: ›Die Polizei ist da!‹, woraufhin Kinsella mit einem breiten Sprung die Treppe hinunter flüchten wollte, doch einer der Nachbarn bekam ihn am Fuß zu fassen, und wir konnten ihn festhalten und seine Flucht vereiteln. Er wurde dann im Polizeiwagen abtransportiert. Ein anderer Polizist musste vor Ort bleiben, den Tatort reinigen und Georges Leiche am nächsten Tag nach Wanganui schaffen.

Am Morgen danach gingen McMullen, der Polizist, und ich gemeinsam hoch zur Hütte und wollten das Chaos beseitigen. Nachdem wir das an diesem eisigen Morgen erledigt hatten, wickelten wir die Leiche in Georges Bettdecke, doch sie war zu kurz, sodass ein Fuß herausschaute. McMullen nähte den

Kopf mit einem starken Bindfaden wieder am Hals fest, damit er unterwegs nicht verlorenging. Mein Cousin fuhr in dieser Zeit einen gelben Maxwell, einen Fünfsitzer, den wir für den Leichentransport nutzten. Während der knapp zehn Kilometer langen Fahrt nach Mangamahu lag die Leiche auf der Rückbank, während wir drei vorne saßen. Als wir am Hotel ankamen, zog der Wachtmeister die Leiche aus dem Wagen, legte sie sich über die Schulter und trug sie zu dem Pub hinüber, wo er sie neben der Eingangstür an die Wand lehnte und ein paar Flecken hinterließ. Schließlich fuhr das Postauto, ein großer Hudson-Bus, vor. Der Fahrer wollte erst noch eine Kleinigkeit essen, bevor er sich auf den Weg zurück nach Wanganui machte. Die Leiche wurde auf den hintersten Platz gelegt, und dieses Mal gab es außer dem Wachtmeister, der in Mangamahu zustieg, keine weiteren Fahrgäste.

George hatte niemanden in Neuseeland, er war ein richtiger Einzelgänger. Ich hatte nicht den geringsten Zweifel, dass George Gordon Kinsella gebeten hatte, ihn abzumurksen, denn schließlich hatte mich George bereits mehrere Male angefleht, ich möchte ihn doch bitte erschießen. Nach der Schweinejagd setzte ich mich meist an den Tisch und reinigte mein Gewehr. Jedes Mal, wenn George betrunken war, bat er mich um diesen Gefallen. Schon oft hatte ich George ins Bett gezerrt, nachdem er rückwärts vom

Stuhl gefallen war und der Länge nach am Boden lag. Kinsella merkte man an seinen körperlichen Reaktionen nie an, wenn er betrunken war, weshalb ich ihm zutraute, dass er den Schlag mit der Axt noch zielsicher ausführen hatte können. Der andere Saufkumpan hatte schon Schwierigkeiten zu stehen, geschweige denn zu laufen, weshalb er in diesem betrunkenen Zustand niemals so präzise hätte zuschlagen können. Kinsella wurde zu 14 Jahren Gefängnis verurteilt, aber bereits nach acht Jahren wegen guter Führung entlassen. Vor seinem gewaltsamen Tod war ›Sandy McDonald‹ George Gordons Lieblingswhiskymarke gewesen, doch im Anschluss an den Prozess wurde dieser Whisky vom Markt genommen und sollte erst 66 Jahre später wieder verkauft werden.«

▶ 1920: Fingerabdruck als Beweismittel bekräftigt

Besondere Bedeutung kommt dem Prozess gegen Dennis Gunn im Jahr 1920 wegen Mordes an Augustus Edward Braithwaite, dem Postmeister von Ponsonby (Auckland), durch die Tatsache zu, dass das Urteil einen Schlussstrich unter sämtliche Versuche zog, die Beweiskraft von Fingerabdrücken zu untergraben. Nach der Urteilsverkündung wurde die Erklärung von Sir Samuel Griffith, dem obersten Richter in Australien, vor Gericht formell und höchst offiziell anerkannt. Er hatte gesagt: »Jeder, der einen Fingerabdruck am Tatort zurücklässt, hinterlässt eine unauslöschbare Spur.« In dem Prozess gegen Gunn versuchte die Verteidigung wiederholt, Zweifel an der Stichhaltigkeit der Identifikation eines Menschen anhand seines Fingerabdrucks zu säen, doch sowohl die Geschworenen als auch der Vorsitzende Richter Sir Frederick schlossen sich dieser Argumentation nicht an.

Gunn hatte seinem Opfer an jenem Abend auf dem Heimweg aufgelauert, es niedergeschossen, ihm die Schlüssel entwendet und dann das Postamt ausgeraubt. Seine Beute betrug gerade mal 67 Pfund, 14 Schilling und 5 Pence, allerdings hinterließ er seine Fingerabdrücke auf mehreren Geldkassetten und auf einem Revolver, der ebenso wie ein Haufen Kleingeld (um genau zu sein 229 Pennys) nach dem Überfall in einem Gully in der Nähe gefunden wurden. Die Polizei verließ sich bei ihren Ermittlungen fast ausschließlich auf die gefundenen Fingerabdrücke. Zu Beginn der Polizeiarbeit kamen über zwanzig Personen als Täter in Frage, doch in keinem Fall stimmten ihre Fingerabdrücke mit den gefundenen überein. Dann wurden die Akten von bereits verurteilten Straftätern herangezogen, und man fand eine Übereinstimmung mit den Fingerabdrücken von Gunn. Er war einige Jahre zuvor erkennungsdienstlich behandelt worden, da er sich vor dem Militärdienst gedrückt hatte. Gunn wurde daraufhin festgenommen, später wurde ihm dann der Prozess gemacht. Das Urteil lautete Tod durch Erhängen, und wurde im Gefängnis von Mount Eden, Auckland, vollzogen.

▶ Die letzte Hinrichtung – Walter Bolton, 1957

Walter Bolton war der letzte Mensch, der in Neuseeland hingerichtet wurde. Er war wegen Giftmordes an seiner Frau Beatrice zum Tode verurteilt worden und wurde im Mount Eden Gefängnis erhängt. Bolton hatte Beatrice Mabel Jones im Jahr 1913 geheiratet. Sie verstarb im Juli 1956 nach einer langen und kräftezehrenden Krankheit. Bei einer Autopsie wurden Spuren von Arsen in ihrem Körper gefunden, so dass der Verdacht einer Arsenvergiftung nahelag. Daraufhin nahm die Polizei die Ermittlungen auf, und Bolton wurde formell wegen Mordes angeklagt. Die Staatsanwaltschaft machte geltend, dass Bolton eine Affäre mit Beatrices Schwester Florence gehabt hätte, die in die gemeinsame Wohnung des Ehepaars mit eingezogen war, um ihre Schwester pflegen zu können. Die Vertreter der Anklage warfen Bolton vor, er hätte seine Frau mit Arsen vergiftet, das er auf seiner Farm regelmäßig nutzte und somit vorrätig hatte.

Boltons Strafverteidiger plädierte auf eine versehentliche Vergiftung, da Arsen in die Trinkwasserversorgung geraten hätte können. Spuren von Arsen waren in Beatrices Tee nachgewiesen worden. Die

Menge, die sie auf diese Weise über den größten Teil des Jahres zu sich genommen hat, hätte ausgereicht, um sie umzubringen. Daraufhin wurde das Wasser von Walter Boltons Farm positiv auf Arsen getestet, Spuren des Giftes wurden auch im Blut von Walter und einer seiner Töchter nachgewiesen. Die Strafverteidigung führte aus, dass auch Desinfektionsmittel zum Baden von Schafen in die Trinkwasserversorgung gelangt waren. Nach einer Beratung von zwei Stunden und zehn Minuten Dauer sprachen die Geschworenen den Angeklagten schuldig. Als der Richter von Bolton wissen wollte, weshalb er ihn nicht zum Tode verurteilen sollte, lautete die Antwort von Walter Bolton: »Weil ich nicht schuldig bin, Euer Ehren.«

In der Zeitung stand später zu lesen, dass bei Boltons Hinrichtung einiges schiefgegangen war. Eigentlich hätte er sich in dem Moment, in dem die Falltür nach unten wegklappt, einen tödlichen Genickbruch zuziehen sollen, doch wie es hieß, strangulierte sich Bolton langsam und qualvoll zu Tode. Boltons Fall, sein Gerichtsurteil und die Umstände seiner Hinrichtung gaben der Diskussion um die Abschaffung der Todesstrafe neuen Auftrieb. Vier Jahre später war es dann soweit.

Ein Jahr, nachdem Bolton hingerichtet worden war, beging Florence Selbstmord – mit Arsen.

6 neuseeländische Rätsel

▶ Ronald Jorgenson

Die Schießerei zwischen zwei Männern 1963 in Auckland, die mit Maschinengewehren aufeinander einballerten, sorgte in Neuseeland für eine Sensation – eine Zeit lang schien es, als hätte das Verbrechen in der Stadt Ausmaße erreicht, wie man es von der Chicagoer Unterwelt kannte. Frederick George Walker, ein 38 Jahre alter Handelsvertreter, und Kevin James Speight, ein 26-jähriger Seemann, wurden mehrfach von großkalibrigen Geschossen getroffen. Der Streit stand, wie man später herausfand, im Zusammenhang mit dem Ausschank und Verkauf von alkoholischen Getränken ohne Lizenz. Damals war Alkohol fast überall in Neuseeland illegal, weshalb das Brennen von alkoholhaltigen Getränken und der anschließende Schmuggel in die »trockenen« Gegenden ein äußerst lukratives Geschäft waren. Zunächst nahm die Polizei an, dass die Banden, die sich auf den Alkoholschmuggel konzentriert hatten, aufkommende Konkurrenten außer Gefecht setzen wollten.

John Gillies und Ronald Jorgenson wurden wegen Mordes festgenommen. Später wurden sie dann schuldig gesprochen und zu einer lebenslänglichen Freiheitsstrafe verurteilt. 1984 hatte Jorgenson bereits 18 Jahre seiner Strafe verbüßt und war auf Bewährung in die Freiheit entlassen, als er erneut

Schlagzeilen machte, da sein Wagen an einem Felsen in Kaikoura zerschellt war. Seine Leiche wurde nie gefunden, doch er wurde für tot erklärt. Was war passiert? Kurze Zeit später tauchten die ersten Gerüchte auf: Es hieß, der Unfall sei nur vorgetäuscht worden, dass Jorgenson nun als Polizeispitzel arbeitete und nach Perth gebracht worden sei. Noch heute wird gerätselt, was damals in Kaikoura geschehen war, und wo Jorgenson heute steckt. *Ist er tot oder noch am Leben?*

▶ Die neuseeländische Begegnung mit einem UFO

In den Abendstunden des 30. Dezember 1978 hob eine Argosy Turboprop-Maschine in Wellington ab. Ihre Mission lautete, ein unbekanntes Flugobjekt auf Film zu bannen. Einige Wochen zuvor hatten das Bodenpersonal, aber auch die Piloten in ihren Flugzeugen, über ungewöhnliche Flugobjekte berichtet. Als die Maschine über Wasser zum Nordosten der Südinsel flog, bemerkte der Pilot fünf helle und blinkende Lichter, die in einer Reihe angeordnet waren und abwechselnd so klein wie eine Nadelspitze und so groß wie ein Ballon waren. Zur selben Zeit teilte die Flugüberwachung von Wellington der Argosy mit, dass sie von einem unbekannten Flugobjekt verfolgt würde. Der Pilot führte sofort eine Drehung von 360 Grad durch, konnte aber keinen Verfolger erkennen. Noch ein weiteres Mal warnte ihn die

Flugüberwachung in Wellington: »Sierra Alpha Eagle, Zielobjekt bei Ihnen … nimmt an Umfang zu.« In diesem Moment nahmen die Besatzung und die Passagiere Lichter von außen her wahr, konnten aber nichts filmen, da die Positionslampen des Flugzeugs zu sehr störten. Kurzentschlossen schaltete sie der Pilot ab, doch auf den späteren Filmaufnahmen ist nur ein großes, helles Licht zu erkennen.

Die Maschine landete in Christchurch und flog kurze Zeit später zurück nach Wellington. Kurze Zeit danach waren zwei unbekannte Objekte zu erkennen, die sich zu drehen schienen. Eines davon war minutenlang auf dem Radarschirm des Flugzeugs zu erkennen. Als sich die Maschine dem Zielflughafen näherte, wurden wieder pulsierende Lichter wahrgenommen – wovon eines plötzlich in einen Sinkflug von rund 300 Metern verfiel und dann nach einer Reihe ruckartiger Bewegungen plötzlich stoppte. Auch die Flugüberwachung in Wellington hatte dieses Phänomen beobachtet. Die Filmaufnahmen beider Flüge wurden auf der ganzen Welt gezeigt. Für Skeptiker war die Sache schnell klar: Das mussten Krabbenkutter gewesen sein – oder ferngesteuerte Flugzeuge des US-amerikanischen Geheimdienstes oder so was. Das neuseeländische Verteidigungsministerium kam zu dem Ergebnis, dass die über Kaikoura beobachteten UFOs durch das Licht der Venus oder durch Reflektionen von Fischerbooten verursacht wurden. *UFOs oder nur Lichter, das ist hier die Frage.*

► Spurlos verschwunden

Im Sommer 1928 kamen Captain George Hood und Lieutenant John R. Moncrieff bei dem beherzten Versuch ums Leben, als Erster von Australien über die Tasmansee nach Neuseeland zu fliegen. Ihr Flug stieß auf großes Interesse, da diese Strecke nicht nur zum ersten Mal geflogen werden sollte, sondern weil ein erfolgreiches Flugmanöver den Weg für einen kommerziellen Flugdienst zwischen beiden Ländern bahnen würde.

George Hood war der Sohn von F. Hood, einem der ersten Siedler in Wairarapa, und erblickte im Schatten der massiven Bergkette Tararuas 1893 das Licht der Welt. Er verließ die elterliche Farm, um seinem Land im Ersten Weltkrieg zu dienen und kehrte mit nur einem Bein nach Neuseeland zurück. Trotz seiner Kriegsverletzung wurde er in den Bodendienst der Luftwaffe versetzt und verlor auch dort nie das Interesse an der Fliegerei.

John Moncrieff war 1899 in Schottland zur Welt gekommen und nach seiner Adoption im Alter von sechzehn Jahren in Neuseeland gelandet. Zunächst machte er eine Ausbildung als Techniker und trat später als Minderjähriger der Luftwaffe Neuseelands bei. Aufgrund seiner Jugend war es ihm nicht gestattet, seine Fähigkeiten als Flieger im Ersten Weltkrieg unter Beweis zu stellen, doch später schloss er sich der Infanterie an und schaffte es bis zur Königlichen Luftwaffe, so dass er dann in Frankreich Dienst am Vaterland tat. Nach seiner Rückkehr nach Neuseeland wurde er – wie George Hood – in den Bodendienst der Luftwaffe versetzt. Dort lernten sich die beiden kennen.

Im Prinzip war es Moncrieffs Idee, die Tasmansee zu überfliegen. Moncrieff, Hood und der australische Kapitän Knight, der sein Leben einzig und allein der Tatsache verdankte, dass das Flugzeug, das sie für diesen Zweck gekauft hatten, nur Platz für zwei Insassen bot, machten sich dann aber gemeinsam an die Planung ihres Abenteuers.

Trotz vieler Rückschläge, auch finanzieller Art, der Schwierigkeit, ein passendes Flugzeug zu finden und der Einwände offizieller Stellen an beiden Ufern der Tasmansee trieben die Partner einen Ryan-Eindecker auf. Mit einer ähnlichen Maschine hatte Lindbergh damals den Atlantik überquert. Am 23. Dezember 1927 verkündeten sie ihr Vorhaben der Öffentlichkeit. Es wurden einige Testflüge unternommen – wie sich später herausstellen sollte, nicht in ausreichendem Umfang –, die Behörden hoben das Flugverbot auf, und so hob die *Aotearoa*, wie das Flugzeug getauft worden war, am 10. Januar 1928 von Richmond, Sydney, ab. Bis zu ihrem Zielflughafen in Trentham,

Wellington, waren es 2300 Kilometer. Die Funkausstattung ihrer Maschine war eher dürftig, sie mussten sich auf die Übermittlung von Morsecodes verlassen.

Wie der Flug verlief, ist kaum bekannt, doch die Auswertung der Spuren nach dem Unglück ergab Folgendes: Zwölf Stunden, nachdem sie Sydney verlassen hatten, befanden sich die Flieger noch immer in der Luft. Sie waren von einer Flugdauer von etwa vierzehn Stunden insgesamt ausgegangen. Das Flugzeug verschwand spurlos von der Bildfläche und musste vermutlich auf See notlanden. Die beiden Ehefrauen, Laura Hood und Dorothy Moncrieff, warteten mit Tausenden anderen Schaulustigen am Rennplatz von Trentham, doch die *Aotearoa* kam nie dort an. *Wie und wo endete der Flug für Hood und Moncrieff wirklich?*

▶ Der Puma von Canterbury

In den vergangenen Jahrzehnten gab es jede Menge Spuren, die darauf hindeuten, dass eine Handvoll Großkatzen – Berglöwen mit schwarzem oder gelbbraunem Fell – die Wälder der Südinsel durchstreift. Seit Anfang der 1990er Jahre werden immer wieder Katzen gesichtet, die für eine verwilderte Hauskatze viel zu groß geraten wären. Die Beschreibung der Größe der Tiere, ihr Gang und ihre typischen Merkmale – es wird ausnahmslos von einem langen Schwanz gesprochen – lassen nur einen Rückschluss zu: Da draußen gibt es etwas, was eigentlich nicht da sein sollte.

Aus Canterbury und Otago stammen die entsprechenden Meldungen, und häufig wurden sie von Leuten gemacht, die solche Tiere zuvor schon in der Wildnis gesehen hatten. Einer von ihnen war der kanadische Professor Terry Chattington. Er war davon überzeugt, dass er im Dezember 1999 einen Puma gesehen hatte, der auf einem Felsen oberhalb von Moeraki, südlich von Oamaru, gestanden hatte. Chattington und seine Frau Stella machten Vogelaufnahmen, als er eine goldfarbene Großkatze von etwa drei Meter Länge entdeckte, die einem nordamerikanischen Berglöwen wie ein Ei dem anderen glich. »Ich weiß, wie diese Tiere aussehen – ich habe sie schließlich schon öfter gesehen«, sagte Professor Chattington. Er bat seine Frau, ein Bild von dem wilden Tier zu schießen, aber bis sie die Kamera schussbereit hatte, war die Katze wieder verschwunden. Die Chattingtons waren nicht die ersten Besucher aus Übersee, die berichteten, dass Raubkatzen durch die Wildnis der Südinsel streiften. Die britischen Touristen Mark und Deb Greening berichteten von einer »sehr großen schwarzen Kreatur«, die durch Mackenzie Country, keine sechzig Kilometer von Omarama entfernt, streifte. Das Paar meldete die Sichtung des Pumas erst, nachdem sie erfuhren, dass solche Tiere in Neuseeland nicht beheimatet sind. *Ob*

die Tiere aus einem Zoo entlaufen sind oder ob es sich
hier um eine neue Methode handelt, der Überpopula-
tion von Kaninchen auf der Südinsel Herr zu werden?

▶ Bruce Cathie

Die Buchreihe *Harmonic*, geschrieben von dem Piloten Bruce Cathie, schlug bei ihrer Veröffentlichung in
den 1970er Jahren ein wie eine Bombe. Diese Bücher
waren das Ergebnis von Cathies Forschungen über
das – wie er es nannte – Energiegitternetz, das sich
über den gesamten Globus erstreckt und das seiner
Meinung nach von Außerirdischen errichtet und
verwendet wird. Außerdem behauptet Cathie, dass
ein Zusammenhang zwischen der Harmonie dieses
Gitternetzes und atomarer Aktivität besteht: Die
Geometrie der atomaren Aktivität ist vorhersehbar,
was bedeutet, dass beispielsweise die Zündzeiten von
Atomwaffen und die Orte, an denen sie gezündet
werden, berechnet werden können. Cathie stützte
diese Behauptung mindestens einmal durch seine
exakte Prognose von Ort und Zeit einer der französischen Atomwaffentests auf Muroroa im Südpazifik.
Außerdem stellte Cathie der C.I.A. seine Berech-
nungen von Atombombentests auf den Aleuten zur
Verfügung.

Cathie wurde 1930 in Auckland geboren und stu-
dierte am Technical College in Otahuhu. Anschließend machte er eine Lehre zum Mechaniker und ließ

sich dann bei der Königlichen Luftwaffe Neuseelands zum Piloten ausbilden. Anschließend arbeitete er als Pilot und flog landwirtschaftliche Einsätze. Zu dieser Zeit – wir schreiben das Jahr 1952 – beobachtete er eines Abends gemeinsam mit mehreren Freunden über einen längeren Zeitraum ein UFO über Mangere, Auckland. Dieser Vorfall bewegte ihn dazu, sich jahrelang der Erforschung eines globalen Energiegitternetzes zu widmen und seine Ergebnisse detailliert in sechs Büchern zu veröffentlichen. Cathie trug die Koordinaten der Stelle, an der UFOs gesichtet wurden, in eine Karte für Flugstrecken Neuseelands ein und stellte daraufhin fest, dass sich ein klar erkennbares und gut durchdachtes Muster abzeichnete. Mehrere Jahre später war sein komplexes, geometrisches globales Gitternetz fertig. Schließlich wies er den Mustern mathematische und geometrische Koordinaten zu und stellte einen Zusammenhang mit der Schwerkraft, Lichtgeschwindigkeit und den irdischen Magnetfeldern fest. Ab diesem Zeitpunkt beschleunigte er seine Forschungsarbeiten, die in einer Reihe von universeller Gleichungen und Tabellen gipfelten, die sich auf alle Forschungsgebiete anwenden ließen. Cathie ging 1981 als Pilot in Rente, doch er erforscht noch immer das Weltall und veröffentlicht die Ergebnisse seiner wissenschaftlichen Arbeiten. *Wir sind nicht allein …*

▶ Explodierende Hosen

Bei einer Reihe von erschreckenden Ereignissen in den 1930er Jahren, die so bizarr waren, dass sie eigentlich nur aus den Traumfabriken Hollywoods hätten stammen können, kam es bei mehreren Farmern zu einer spontanen Entflammung von Hosen. Ein Farmer aus Taranaki wollte seine Arbeitshosen am offenen Feuer trocknen, als sie plötzlich explodierten. Selbst als die »Problemhosen« ins Freie bugsiert worden waren, schwelten sie weiter und gaben dabei leise Knallgeräusche von sich, wie es in einer damaligen Tageszeitung hieß. Solche Vorfälle ereigneten sich auch woanders, schlimmer war jedoch, dass diese Farmer die Hosen noch am Leib trugen, als sie sich entzündeten. Nach umfangreichen Ermittlungen stand fest, dass alle betroffenen Farmer ein Unkrautbekämpfungsmittel verwendet hatten, das Natriumchlorat enthielt, ein hochentflammbares Mittel, vor allem, wenn es mit organischen Materialien wie Wolle und Baumwolle in Berührung kommt, woraus die Hosen der Farmer gefertigt waren. *Halten Sie sich vom offenen Feuer fern!*

Bücher, Filme und Musik

7 unvergessliche Zitate aus neuseeländischen Filmen

»The old magic's still there …«

(Sinngemäße Übersetzung: »Der alte Zauber ist noch da …«)
Aus *Bad Taste* (1987), Regie: Peter Jackson

Dieser urkomische Splatter-Movie zählt mittlerweile zu den Klassikern des Genres. Mit *Bad Taste* hat sich Peter Jackson einen Namen als Regisseur gemacht, und zwar lange Zeit, bevor ihn der *Herr der Ringe* berühmt machte. Die Geschichte: Oz hat soeben einem Außerirdischen den Kopf abgeschlagen – ganz, versteht sich, nur die Wirbelsäule zuckt noch etwas –, da dieser das Versteck der Jungs in der Küche entdeckt hat. Auf den Zuruf hin, dass er dieses Ding doch bitte loswerden solle, steigt Oz auf den Rücken des Alien, dreht den Kopf ab und kickt ihn durch das geöffnete Fenster nach draußen in die dunkle Nacht. Mit leuchtenden Augen, offensichtlich fasziniert davon, was er mit bloßen Händen geschafft hat, lässt er den oben zitierten Spruch los.

»Cook a man some eggs!«
(Sinngemäße Übersetzung: »Brat deinem Mann gefälligst
ein paar Eier!«)
Aus *Once Were Warriors* (Deutscher Filmtitel: Die letzte
Kriegerin) (1994), Regie: Lee Tamahori

Once Were Warriors war ein Meilenstein in der Geschichte des neuseeländischen Kinos, der vor allem
durch die herausragenden Leistungen der Schauspie-
ler besticht. So glänzen Temuera Morrison in seiner
Rolle als gewalttätiger Jake Heke und Rena Owen als
Beth, seiner extrem belastbaren und doch ganz schön
ramponierten Frau. In einer Szene weigert sich Beth,
dem betrunkenen Jake Essen zu machen. Wie nicht
anders von ihm zu erwarten, schlägt er sie zu Boden,
stellt sich mit geballten Fäusten und geblähten Nüstern über sie – seine Venen am Hals und der Schläfe
pulsieren – und schleudert ihr obiges Zitat entgegen.

»I'm a Derek. And Dereks don't run.«
(Sinngemäße Übersetzung: »Ich bin ein Derek. Und
Dereks rennen nicht.«)
Aus *Bad Taste* (1987), Regie: Peter Jackson

Dieser Spruch stammt vom Maestro selbst: Peter
Jackson als verrückter Wissenschaftler Derek, zu sehen in einer von zwei Rollen, die er in eigenen Filmen
spielt. In dieser Szene warnen ihn seine Kollegen,

dass sich ein mit Hämmern bewaffneter Trupp Außerirdischer durch den Busch kämpft und dass er sich besser schnell davonmachen soll. »Geht nicht«, lautet Dereks Antwort, aus oben genanntem Grund.

»I'm taking this car to Invercargill.«
(Sinngemäße Übersetzung: »Ich bringe dieses Auto nach Invercargill.«)
Aus *Goodbye, Pork Pie* (Deutsche Titel: *Mach's gut, Pork Pie / Keine Chance für Pork Pie / Ein Mini hängt die Bullen ab*) (1981), Regie: Geoff Murphy

Der Zuschauer hört diesen wiederkehrenden Spruch aus Murphys Roadmovie – gespickt mit schwarzem Humor – zum ersten Mal, als Jerry »Blondini« Austin (Kelly Johnson) und John (Tony Barry) mit einem gelben Mini, den Jerry sich »geborgt« hat, auf den Weg von Kaitaia in Neuseelands südlichste Stadt machen, wo Johns Freundin Sue bei ihrer Schwester lebt, seit sie ihn verlassen hat. *Goodbye, Pork Pie* gilt zu Recht als Klassiker unter den neuseeländischen Filmen und nimmt den Zuschauer vom ersten Augenblick an gefangen. Und das liegt nicht nur an dem selbstbewusst-nostalgischem Prolog (»Worum es geht«), sondern vielmehr an dem gefährlich antiautoritären Unterton, mit dem er die neuseeländische Gesellschaft durch den Kakao zieht.

»Singaya! He's got The Bite!«
(Sinngemäße Übersetzung: »Singaya! Er wurde gebissen!«)
Aus *Brain Dead* (Deutscher Titel: *Der Zombierasenmäher-
mann*) (1992), Regie: Peter Jackson

Der einzige Filmemacher, der Peter Jackson im Genre
der Horror-/Splatterfilme etwas vormachen kann,
ist Peter Jackson, und in seinem reißerischen Zom-
biestreifen, der in den 1950er Jahren in Wellington
spielt, hat er sein Können wieder einmal unter Beweis gestellt. Das Zitat stammt aus dem Mund eines
einheimischen Touristenführers und fällt, nachdem
Bill Ralston, der einen Mitarbeiter des Wellingtoner
Zoos spielt und dem vorgeworfen wird, einen Rat-
tenaffen aus Sumatra in den Zoo gebracht zu haben,
von dieser bösartigen kleinen Kreatur gebissen wurde.
Der Führer und alle anderen Einheimischen wissen
ganz genau, dass man diesen Viechern besser aus
dem Weg geht: Die Bisswunden fangen an zu eitern,
und die Opfer überleben den Biss nicht, kehren aber
als Zombies zurück und stecken andere mit dem
gefährlichen Virus an. In panischer Angst greifen
die Einheimischen zu einem grausamen Mittel: Sie
hacken zuerst die Hand ab, in die Ralstons Charakter
gebissen wurde, dann die andere und dann, nachdem
sie die Riesenschramme, die sich über sein Gesicht
zieht, entdeckt haben, auch seinen Kopf.

»Why you speaking Māori?«

(Sinngemäße Übersetzung: »Weshalb du sprechen Māori?«)
Aus *Sione's Wedding* (2006), Regie: Chris Graham

Grahams nette Komödie war der Durchbruch, was vor allem daran liegt, dass sie in der Gemeinde der Samoaner in Auckland spielt. Dieser Film war ebenso wie die zunehmende Beliebtheit von samoanischen Hip-Hop-Crews und Modelabels unter den Neuseeländern der Beweis dafür, dass diese Gemeinde es gelernt hat, mitten in Neuseeland den Kopf hoch zu tragen und sich auf die eigene Kultur zu besinnen. Oscar Kightly, der den ruhigen und wohlerzogenen Albert spielt, stellt fest, dass er von sämtlichen Freunden übers Ohr gehauen wurde, sogar von seinem besten Freund. Auf seinen Stoßseufzer »Auch du, Brutus?« antwortet dieser mit obigem Zitat.

»When a man's jawbone falls off, it's time he took stock.«

(Sinngemäße Übersetzung: »Wenn ein Mann seine Kinnlade verliert, ist es an der Zeit, Bilanz zu ziehen.«)
Aus *The Frighteners* (deutscher Titel: *The Frighteners – Herr der Geister*) (1996), Regie: Peter Jackson

Wer hätte das gedacht? Wieder einmal führte Peter Jackson die Regie, dieses Mal bei seinem ersten großen internationalen Film, der von keinem anderen als Robert »Ghostbusters« Zemeckis produziert wurde. In der Hauptrolle des Frank Bannister ist kein Geringerer zu sehen als Michael J. Fox. Bannister ist so etwas wie ein Privatdetektiv, der sich auf übernatürliche Phänomene spezialisiert hat, da er ein besonderes Talent besitzt: Er kann Geister sehen. Gemeinsam mit einem Geistertrio verlegt er sich auf kleine Betrügereien und lässt sich für die Geisterjagd in Häusern, in denen es spukt, gut bezahlen. Einer seiner Geistfreunde, ein Revolverheld und ehemaliger Richter (daher der Name »The Judge«) verliert bei einer Auseinandersetzung mit einem bösen Geist seine untere Kinnpartie und bedauert diesen Verlust mit den oben zitierten Worten, weil ihm klar wird, was das für seine Karriere als Geisterjäger bedeutet.

8 neuseeländische Eintagsfliegen aus der Welt der Literatur

Nicht allen neuseeländischen Autoren gelang es, den Erfolg ihres Erstlingswerks fortzusetzen.

▶ Thomas Bracken, »God Defend New Zealand«
Der irische Politiker und gelegentliche Herausgeber des *Otago Guardian* Thomas Bracken war zu seiner Zeit (Ende des 19. Jahrhunderts) ein bekannter

Dichter. Obwohl er fünf Gedichtverbände (und hie und da auch andere Prosastückchen) veröffentlichte, hätte er sich die Mühe auch sparen können: Seine vorhersehbaren, abgedroschenen und sentimentalen Verse, die so gut bei seinen Zeitgenossen ankamen, waren bereits ein Jahrzehnt nach seinem Tod in Vergessenheit geraten – bis auf einen für ihn völlig atypischen, weil sehr schwermütigen, nämlich »Not Understood« und natürlich »God Defend New Zealand«, das er 1876 verfasst hatte und 1940 zur Nationalhymne erklärt wurde. Queen Elizabeth war so generös, es 1977 mit »God Save the Queen« gleichzusetzen.

▶ Ian Cross, »The God Boy«

Cross' kurzer Roman von 1957, in dem es um die Irrungen und Wirrungen des verstörten Jugendlichen Jimmy Sullivan ging, wurde ein internationaler Bestseller und mit Abstand einer der erfolgreichsten und bekanntesten Romane eines Neuseeländers. Das Buch verkaufte sich über Jahre hinweg sehr gut, was wohl nicht zuletzt der Tatsache geschuldet war, dass Cross die anerkannt schwierige Kunst meisterhaft beherrschte, einen wirklich glaubhaften und dennoch unzuverlässigen Ich-Erzähler zu schaffen, der gewisse Ähnlichkeiten mit Holden Caulfield aus J. D. Salingers Klassiker »Fänger im Roggen« aufweist. Der Schriftsteller veröffentlichte danach noch drei weitere Romane, aber nicht einer kam an die Qualität von »The God Boy« heran.

▶ Robin Hyde, »The Godwits Fly«

Wer wüsste nicht, dass die Geschichte mitunter sehr wählerisch und dabei nicht immer gerecht sein kann? Als Beweis dafür, wie schnell etwas in Vergessenheit geraten kann, möchte ich auf das Schicksal der Schriftstellerin Iris Wilkinson zu sprechen kommen. Sie schrieb unter dem androgynen Pseudonym Robin Hyde und wurde vor allem durch »The Godwits Fly«, das 1938 erschien, bekannt. Mindestens ebenso gut aber waren ihre beiden Kriegsromane »Passport to Hell« (1936) und »Nor the Years Condemn« (1938). Das Bemerkenswerte daran ist, wie anschaulich und nachvollziehbar sie eine Männerwelt aus Sicht einer Frau schildert. Doch wie das Leben so spielt, wurden diese beiden Meisterwerke schon zu ihren Lebzeiten von der Welt der Literatur ignoriert, und nach ihrem Tod gerieten sie vollends in Vergessenheit. Einen Namen hat sie sich durch das stark autobiographisch geprägte »Godwits« gemacht, und wir müssen schon dankbar sein, dass das nationale Gedächtnis der Neuseeländer ihr wenigstens dafür einen Platz in der Geschichte des Landes gegeben hat. Die eindringliche Beschreibung, in welch misslicher Lage sich eine Frau befand, die mit den konventionellen Rollen und Konventionen gebrochen hatte, die ihr von der sittenstrengen neuseeländischen Gesellschaft aufgezwungen wurde, hat den damaligen Leser berührt und bringt auch heute noch eine Saite zum Schwingen.

▶ Keri Hulme, »Unter dem Tagmond«
   (Originaltitel: »The Bone People«)

Ganz gleich, welche literarische Verdienste man der Autorin zusprechen möchte – viele würden sagen, überhaupt keine –, Keri Hulmes erster Roman »Unter dem Tagmond« hat sich für immer und alle Zeiten einen Platz in der Literaturgeschichte Neuseelands gesichert, weil er bis dato der einzige neuseeländische Roman ist, der mit dem international anerkannten Booker Prize ausgezeichnet wurde. Außerdem ist auch die Geschichte seiner Veröffentlichung recht ungewöhnlich und klingt eher nach einem modernen Märchen: Eine Gruppe gläubiger Frauen, die sich selbst »The Spiral Collective« nannten, ließ den Roman veröffentlichen, nachdem sich Hulme geweigert hatte, die Integrität ihrer Vorstellungen den Vorschlägen eines Verlagshauses, das sich dem Geschmack der breiten Masse verschrieben hatte, zu opfern. Es handelt sich um eine eigenwillige, ausladende und wenig disziplinierte Mischung aus Realität und Phantasie, bei der die Schriftstellerin alle möglichen Knöpfe gedrückt hat – von New Age über Māori hin zu Mystik. Erzählt wird die Geschichte einer angespannten, oft gewalttätigen Beziehung zwischen einer verbitterten Frau mittleren Alters, einem besorgten Māori und dessen koboldhaften Adoptivsohn, der eines Tages von Ersterem gefunden worden war. Der Erzählstil wechselt zwischen kraftvoller Prosa und geschwollenen Versen und verlangt dem Leser ebenso viel ab, wie er ihm gibt. Hulme hat nach dem Erscheinen dieses Romans Gedichtbände und Kurzgeschichten veröffentlicht, doch vermutlich wird man sich nur wegen ihres außergewöhnlichen Erstlingswerks an sie erinnern.

▶ John Mulgan, »Man Alone«

Mulgans 1939 erschienener Roman (sein erster und einziger, da sein Selbstmord seine vielversprechende Karriere als Schriftsteller jäh beendete) hat den Weg ins Herz der neuseeländischen Welt der Literatur gefunden. Es ist jedoch nicht einfach zu erklären, warum. Es wurde schon viel über den typischen männlichen Einzelgänger geschrieben, der immer wieder Einzug in die Literatur der sogenannten »Frontier Societies« gefunden hat, Länder, in denen die gesellschaftliche Ordnung noch nicht festgefügt ist und häufig Macht Recht schafft. Teils sind diese einsamen Männer als Helden und teils als Opfer eines Systems gezeichnet worden, von dem sie sich besser fernhalten. Mulgans Figur Johnson ist Brite und ein latent gefährlicher Einzelbrötler, der mit dem Gesetz in

Konflikt gerät und sich daraufhin im Busch versteckt. Mulgan zeichnet eher das Bild eines gestörten Mannes anstatt das Loblied auf die selbstgewählte Isolation zu singen, doch nur wenige, die sich auf die Mythologie unserer Nation für schroffen Individualismus eingeschworen haben, scheinen das ebenso zu sehen. So sagt die Beliebtheit von »Man Alone« mehr über unser kollektives Selbstbildnis aus als über alles andere – dieser Roman ist das Pendant zu einem Abteilungsleiter, der einen SUV fährt und auf dem Weg zur Arbeit vom wilden Leben in den Wäldern und Hügeln Neuseelands träumt.

▶ David Ballantyne »The Cunninghams«
Dem Journalisten Ballantyne stand offenbar eine glänzende Karriere als Schriftsteller bevor, als 1948 sein erstes (eineinhalbtes, um genau zu sein) Buch der von ihm geplanten Trilogie »The Cunninghams« erschien. Ursprünglich war es in New York herausgebracht worden, wo es von den Lesern begeistert aufgenommen wurde. Auch in Neuseeland stellte es sich als äußerst erfolgreich heraus, wurde mit einem renommierten Literaturpreis ausgezeichnet und verschaffte dem Autor als einem der ersten Schriftsteller den Genuss von Fördermitteln durch den neuseeländischen Staat. Letztere sollten es ihm ermöglichen, seinen zweiten Roman ohne finanzielle Not schreiben zu können, doch der Steuerzahler musste sich eine

lange Zeit gedulden: Ballantynes nächster Roman erschien erst 1963. Insgesamt veröffentlichte er sechs Bücher und einen Band mit Kurzgeschichten, doch keines davon machte soviel Furore wie »The Cunninghams«, auch wenn das 1968 erschienene »Sydney Bridge Upside Down« den Erwartungen sicherlich gerecht wurde. Das Verfallsdatum des verbissenen Realisten in »The Cunninghams« ist abgelaufen und wird den modernen Leser wohl kaum bewegen, sich noch andere Bücher des Schriftstellers zu Gemüte zu führen.

▶ Bill Pearson, »Coal Flat«

Da wir gerade von trostlosem Realismus sprechen, das Paradebeispiel dafür dürfte wohl der Roman »Coal Flat« von Pearson sein, der 1963 erschien und mit großem Beifall aufgenommen wurde. Heutzutage lässt sich diese Begeisterung kaum noch nachvollziehen, aber in den sechziger Jahren hielt die Literaturwelt wegen dieser Mischung aus Familiengeschichte und Schilderung einer zutiefst gestörten Persönlichkeit den Atem an. Darin begehrt der junge, idealistische Lehrer Paul Rogers gegen den gesellschaftlichen Druck in seiner Umgebung, einer Kleinstadt, die an Blackball an der Westküste der Südinsel erinnert, auf – und scheitert letztendlich.

► Graham Billing, »Forbush and the Penguins«

Der Journalist Graham Billing griff in seinem Roman »Forbush and the Penguins«, der 1965 erschien, auf seine Erfahrung als Pressereferent zurück, die er in den sechziger Jahren gesammelt hatte, als er für das Antarktis-Forschungsprogramm tätig gewesen war. Dieses Buch gilt zu Recht als eines der wenigen erfolgreichen existenzialistischen Werke Neuseelands. Der ziemlich düstere Roman handelt vom Kampf eines Mannes mit den Widrigkeiten des Kosmos, wie sie auf dem unwirtlichen antarktischen Kontinent anzutreffen sind. Billing schrieb noch weitere Kurzgeschichten von der Machart des »Forbush«, doch keine davon war so fesselnd und litt so stark unter Billings geradezu undisziplinierter und (zeitweise) grauenhaft gesitteter Prosa. Der andere Roman, wegen dem man sich möglicherweise an ihn erinnert, heißt »The Slipway«, wurde 1973 veröffentlicht. Und wieder kämpft ein Mann gegen den erbarmungslosen Kosmos, diesmal aber auch gegen seine Alkoholkrankheit.

10 unvergessliche erste Zeilen aus neuseeländischen Romanen

»The same week our fowls were stolen, Daphne Moran had her throat cut.«
(Sinngemäße Übersetzung: »In derselben Woche, in der uns unsere Hühner gestohlen wurden, wurde Daphne Moran die Kehle durchgeschnitten.«)
Aus »The Scarecrow« von Ronald Hugh Morrieson

Morrieson legt mit seinem ersten und bekanntesten Werk, der in Taranaki spielt und zur Gattung der Schauerromane gehört, 1963 einen fulminanten Start hin. Seine Geschichte stellt Verbrechen einander gegenüber, die mit zweierlei Maß gemessen werden.

»You would think I care, and I did for a while, but not now.«
(Sinngemäße Übersetzung: »Du glaubst bestimmt, ich machte mir Sorgen, und so war es auch, aber jetzt nicht mehr.«)
Aus »The God Boy« von Ian Cross

Die abwehrende, sich selbst etwas vortäuschende Stimme des jungen Erzählers nimmt einen ab der ersten Zeile dieses klassischen Romans von 1957 gefangen.

»Sam Cash looked at his old woman the way a man looks at a steep ridge he's got to climb on a hot day.«
(Sinngemäße Übersetzung: »Sam Cash schaute sein altes Mädchen mit genau demselben Blick an, mit dem ein Mann einen steilen Hang mustert, den er an einem heißen Tag erklimmen muss.«)
Aus »Hang on a Minute, Mate« von Barry Crump

Schon nach diesem ersten Satz aus Crumps 1961 erschienenem Roman hat der Leser ein klares Bild von dem herzensguten, dienstbeflissenen Mann, der unter dem Joch der Leibeigenschaft ächzt und fast zusammenbricht.

»I remember the calico sleeping bag, and how my body was young and tight against it.«
(Sinngemäße Übersetzung: »Ich kann mich noch gut an den Schlafsack aus dickem festem Baumwollgewebe erinnern, und wie es sich angefühlt hat, als ich mich in jungen Jahren darin eingekuschelt habe.«)
Aus »A Gap in the Spectrum« von Marilyn Duckworth

Schon dieser erste Satz nimmt den Leser gefangen und lässt ein Bild entstehen, das lebendig ist und alle Sinne berührt – von einem beschützenden Kokon und der somit entstehende Metamorphose.

»I was overtaking on the inside when the wheel went up on the metal and I lost control and the car spun out, spinning back across until it slammed into the motorway bridge that had been a long way ahead last time I looked but was now suddenly filling the windscreen.«

(Sinngemäße Übersetzung: »Ich war mitten am Überholen, als der Reifen platzte und ich die Kontrolle über das Fahrzeug verlor. Das Auto geriet ins Schleudern, bis es dann in die Autobahnbrücke krachte, die weit weg schien, als ich das letzte Mal hinsah, aber jetzt durch die gesamte Windschutzscheibe donnerte.«)

Aus »Electric« von Chad Taylor

Ein rasanter Start in Taylors raffinierten und eleganten Thriller aus dem Jahr 2003. Ein wiederkehrendes Element sind die Scherben der zerbrochenen Windschutzscheibe, die immer wieder aus dem Fleisch des Helden gezogen werden.

»Father taught us how not to love.«

(Sinngemäße Übersetzung: »Vater brachte uns bei, wie man nicht liebt.«)

Aus »Blindsight« von Maurice Gee

Mit dieser Zeile beginnt und endet Gees Roman aus dem Jahr 2005 über einen Obdachlosen, der überall als der »bucket man« bekannt ist. Die Geschichte wird aus der Perspektive seiner Schwester erzählt, die anlässlich seines Todes in ihren Erinnerungen kramt und eine Reihe von Ereignissen schildert, die für seinen Lebensweg, der in einem einsamen Ende mündet, verantwortlich ist.

»This morning I watched my niece and her cousin making love in the river.«
(Sinngemäße Übersetzung: »Diesen Morgen beobachtete ich, wie sich meine Nichte und ihr Cousin im Fluss liebten.«)
Aus »Sole Survivor« von Maurice Gee

Er beherrscht die Kunst des Geschichtenerzählens wie kaum ein anderer, wie der 1983 erschienene Roman »Sole Survivor« – der dritte Band seiner Trilogie »Plumb« – beweist: ein cooles und unverblümtes Bekenntnis.

»After Shiny Bright went out, Lieutenant Hamilton began to shit inside the perimeter.«
(Sinngemäße Übersetzung: »Nachdem Shiny Bright gegangen war, hockte sich Lieutenant Hamilton mitten im Lager hin und kackte auf den Boden.«)
Aus »Deep Jay« von Rod Eder

Eines der wenigen neuseeländischen Bücher – unabhängig davon, ob sie Fiktion oder Tatsachenbericht sind –, in denen es um die Erfahrung der neuseeländischen Infanteristen in Vietnam geht. Eders 1995

erschienener Roman »Deep Jay« ist ab den ersten
Zeilen eine sachliche und kompromisslose Stellung-
nahme zu diesem Thema.

**»Afterwards Virginia was sure the new hair-do
had triggered off the whole train of events.«**
(Sinngemäße Übersetzung: »Im Nachhinein war sich
Virginia sicher, dass ihre neue Frisur den Stein ins Rollen
gebracht hatte.«)
Aus »Revolt – And Virginia«
(deutsch: »Revolte in Sachen Liebe«) von Essie Summers

Die Königin der neuseeländischen Romanzen, die
ihre Romane am laufenden Band produziert, kommt
auch in diesem Roman auf ihre unnachahmlich drol-
lige Art gleich auf den Punkt. Besagte Lockenpracht
erregt die Aufmerksamkeit eines wahren Adonis im
Park, und die Jagd beginnt.

**»It was entirely appropriate that Wallace Gulfe,
the private investigator, should have spent the last
hours of his life looking at pictures of other people
having sex.«**
(Sinngemäße Übersetzung: »Es war absolut angemessen,
dass Wallace Gulfe, der Privatdetektiv, die letzten Stunden
seines Lebens damit verbracht haben sollte, Fotos von
anderen Leuten beim Sex anzusehen.«)
Aus »Old School Tie« (deutsch: »Schmutzige Wäsche«)
von Paul Thomas

Sex, Tod und Voyeurismus, und das alles in nur einem Satz. Kein Wunder, dass Paul Thomas' Erstlingswerk von 1994 so viele Leser in seinen Bann zog, dass er es auf Anhieb schaffte, sich als erfolgreichster Krimiautor Neuseelands zu etablieren.

21 gute Gründe für neuseeländische Musik

Es gibt die unterschiedlichsten Gründe, weshalb man zum Liebhaber neuseeländischer Musik werden könnte – doch lesen Sie selbst.

▶ »Cracking the big time« von Split Enz

Mit ihrem Album *True colours* aus dem Jahr 1980 gelang Split Enz der internationale Durchbruch. Sie waren die ersten Kiwis, die auf den höchst einträglichen britischen und US-amerikanischen Markt vordringen konnten. Die Geschichte dieser Punkband ist ein klassisches Beispiel dafür, wie Kämpfermentalität, gepaart mit harter Arbeit und einer gewissen Opferbereitschaft, es den Kiwis ermöglicht, international erfolgreich zu sein.

Die Karriere von Split Enz verlief in zwei Phasen. Bei ihrem ersten Auftritt 1971 in der Universität von Auckland gaben sie sich als »draufgängerische schrille Art-Rock-Band«. Zu ihrer ursprünglichen Besetzung zählten Tim Finn, Mike Chunn, Robert

Gillies, Phil Judd und Noel Crombie. 1972 schlugen sie eine Karriere als Berufsmusiker ein und nannten sich Split Ends. Nach einer Tournee durch Australien im Jahr 1975 änderten sie den Bandnamen in Split Enz, wobei das »NZ« (wie Sie bereits wissen, ist das die gängige Abkürzung für Neuseeland) ihre neuseeländischen Wurzeln betonen sollte. In dieser Zusammensetzung gingen sie nach Australien und 1976 nach Großbritannien. 1977 verließ Phil Judd, einer der Mitgründer, die Band. Bis zu dieser Zeit hatten sie sich einen Namen als einzigartige und stark auf visuelle Reize setzende Gruppe mit farbenprächtigen Kostümen (designed von Noel Crombie) und ungebändigten Haaren gemacht. Ihre Alben *Mental notes* (1975), *Second thoughts* (1976), *Dizrythmia* (1977) und *Frenzy* (1979) waren nur mäßig erfolgreich, der große Knaller ließ auf sich warten. Nach Phil Judds Abgang hielten sie Ausschau nach neuen Musikern. Ihre Wahl fiel auf Tim Finns jüngeren Bruder Neil.

1978 besaß die Band weder einen Plattenvertrag noch hatte sie eine Vermittlungsagentur oder einen Manager an der Hand. Da sie keine Gigs bekamen, mussten sie wohl oder übel von der Stütze leben. Erst die vom neuseeländischen Kunstrat gewährten Fördermittel in Höhe von 5000 NZ-Dollar war ein Hoffnungsschimmer für die Band. Mit dem Geld buchten sie ein kleines Studio in Luton (Großbritannien) und nahmen fünf Tage lang die später als »Rootin' Tootin'

Luton Tapes« bekannt gewordenen Songs auf. Unter den 28 Demoaufnahmen war auch der hektische neue Song von Tim namens »I see red«. Der Song schaffte es zwar nicht in die britischen Charts, wurde aber oft im Radio gespielt und erregte dadurch das Interesse der Öffentlichkeit.

Die Band kehrte im Januar 1979 nach Neuseeland zurück, da sie beim Nambassa Musikfestival in Waihi auftreten wollte, und alles in allem war es eine triumphale Rückkehr. Obwohl ihre komplette Ausrüstung bei einem Feuer verbrannt war und sie sich für ihren Auftritt Instrumente ausborgen mussten, beeindruckten sie das Publikum mit ihrer grandiosen Performance. Ihre wilde Live-Show katapultierte »I see red« in die neuseeländischen Charts, wo es immerhin Platz 15 erreichte. Der Empfang, der Split Enz in Nambassa von ihren begeisterten Fans geboten wurde, überzeugte sie davon, dass ein etwas melodischer »Power-Pop« besser ankommt. Bei ihrem nächsten Album, *True colours*, konzentrierten sie sich auf Songs, die sich gut vermarkten ließen. Dieses Album stellte insbesondere heraus, wie gut die Finn-Brüder im Schreiben von Songs waren. Sie hatten beide einen ganz eigenen Stil: Tim galt als melancholischer, während Neil als Optimist mit einem fröhlichen Sound galt. Diese unterschiedlichen Stilrichtungen ergänzten sich jedoch perfekt zu Popsongs mit dem gewissen Extra.

Dieser Wechsel, was ihre Musikrichtung anbelangte, zahlte sich aus. *True colours* wurde ein internationaler Erfolg, die Single »I got you«, geschrieben und gesungen von Neil, bei dem der Chor ein wenig an die Beatles erinnerte, wurde die Nummer 1 der australischen, neuseeländischen und kanadischen Charts. In Großbritannien schaffte sie es immerhin auf Platz 12, und in den Vereinigten Staaten auf Platz 53. In Neuseeland und Australien schaffte es das Album ebenfalls auf Platz 1 der Charts, in Großbritannien und den USA zählte es zu den Top 40. Aufgrund des Erfolgs von *True colours* fanden auch frühere Alben (mit einer Ausnahme: *Second thoughts*) ihren Weg zurück in die neuseeländischen Charts. 1981 konnte Split Enz mit dem Album *Waiata* (das in Australien unter dem Titel *Corroboree* veröffentlicht wurde) anknüpfen, wurde erneut die Nummer 1 in Neuseeland und Australien und schaffte es in den USA unter die Top 50.

1982 schaffte es die Band mit *Time and tide* zum dritten Mal in beiden Ländern und auch in Kanada in die Top-Charts. »Six months in a leaky boat« war ihr größter Erfolg aus *Time and tide*. 2001 wurde der Song auf einer Veranstaltung der APRA (dem Pendant zur deutschen GEMA) zum fünftbesten Lied Neuseelands gewählt. Dieser Song vermittelt eindrucksvoll, wie sich die Band selbst wahrnimmt: als seien sie nach einer langen Reise, nicht anders als die

Siedler nach ihrer beschwerlichen Überfahrt von Europa im 19. Jahrhundert, endlich angekommen. Ebenso wie Dave Dobbyns Song »Loyal« wurde auch »Six months in a leaky boat« eine Art inoffizieller Hymne, die angestimmt wurden, sobald sich Kiwis Ende des 20. Jahrhunderts auf die Heimfahrt von ihren traditionellen Reisen nach Übersee machten.

1983 war es dann soweit, und die Band verlor ihren Elan. Tim Finn versuchte sich als Solokünstler. Nach dem mäßigen Erfolg ihrer letzten Alben *Conflicting emotions* (1983) und *See ya 'round* (1984) – welch passender Titel! – löste sich die Band auf.

▶ *Blue smoke*: Neuseelands erste Platte

Im Februar 1949 wurde die Schellackplatte mit dem Song »Blue smoke« – geschrieben von Ruru Karaitiana, gesungen von Pixie Williams – die erste Schallplatte, bei der von den ersten Takten der Musik bis zum letztendlichen Pressen alles in Neuseeland erfolgte. Damit landete der staatliche Plattenhersteller TANZA (To Assist New Zealand Artists) gleich einen Riesenerfolg. Karaitiana schrieb »Blue smoke« auf dem Truppentransporter *Aquitania* 1940 vor der Küste Afrikas, als ihn ein Freund auf aufsteigenden Rauch aufmerksam machte. Während des Zweiten Weltkriegs diente er dem 28. (Māori) Bataillon Neuseelands. Er war für die Konzerte des Bataillons zuständig und einer der wenigen Überlebendes des ursprünglich siebzehn Mitglieder umfassenden Chors. Obwohl der Song während eines Truppenkonzerts mitten im Kriegs aufgeführt wurde, lehnten die Londoner Plattenfirmen »Blue smoke« ab.

Zurück in Neuseeland stellte Karaitiana 1947 ein Quintett zusammen, und im Oktober 1948 nahmen sie dann eine Version dieses Liedes mit dem Sänger Pixie Williams in Wellington auf und unterlegten es mit hawaiianischer Musik, was auch die Wahl ihrer Instrumente erklärt: Gitarren, Ukulele und Hawaiigitarren. Karaitiana hielt es zwar für einen »armseligen ersten Versuch«, doch trotzdem eroberte sich der Song sechs Wochen lang Platz Nummer 1 der neuseeländischen Hitparade. Innerhalb eines Jahres wurden über 20 000 Alben verkauft, und auch in Übersee erregte »Blue smoke« starkes Interesse. Das britische Gesangsduo Anne Ziegler und Webster Booth trafen sich mit Karaitiana und nahmen eine weitere Version auf. Dean Martin, Al Morgan, Teddy Phillips und Leslie Howard brachten in den Vereinigten Staaten Coverversionen heraus. 1951 kürten New Yorker Musikzeitschriften »Blue smoke« zu einem der wichtigsten Lieder des Jahres und bezeichneten es als einen »musikalischen Hauptgewinn« für jede Jukebox und jeden Radiohörer.

1952 wurde Karaitiana als erster Neuseeländer von der APRA (Australasian Performing Right Association) mit einem Preis in Höhe von 25 Pfund ausgezeichnet, weil sich »Blue smoke«, aber auch der spätere Hit »Let's talk it over« (mit über 10 000 Alben) so gut verkauft hatten. Der Tontechniker Stanley Dallas, der maßgeblich für die Studioaufnahmen von »Blue smoke« verantwortlich war, war einer der ersten, der bei der Aufnahme auf das Mikrophon verzichtete und die Elektro-Gitarre direkt an das Aufnahmegerät anschloss. Im Anschluss daran gab es zahlreiche weitere Platten des Labels, unter anderem den Erfolgshit »Maple on the hill«. Dieser Song der Country- und Westernband Tumbleweeds war (mit rund 80 000 Stück) eine der meistverkauften Singles in ganz Neuseeland.

▶ **»Call me loyal« von Dave Dobbyn**

Dave Dobbyn ist einer der bedeutendsten Musiker Neuseelands der vergangenen dreißig Jahre. Er war als Solokünstler äußerst erfolgreich, aber auch als Mitglied von Bands wie Th'Dudes und DD Smash. Dobbyn hat mehr Preise für das Schreiben von Songs kassiert als jeder andere neuseeländische Künstler und wurde 2001 von der APRA für sein Lebenswerk ausgezeichnet. Dobbyn gilt ebenso wie manche seiner Lieder als Ikone und Kulturgut. »Call me loyal« (1998) ist eines davon. 2001 kürte die APRA es zum drittbesten Song Neuseelands des 20. Jahrhunderts, und 2006 wählten 3000 Leute, die bei einer Online-Umfrage mitgemacht hatten, ihn zum besten Song aller Zeiten.

▶ »French letter« von Herbs

Die Herbs zählen zu den Pionieren des Pazifik-Reggaes. Während der 1980er und Anfang der 1990er Jahre waren sie zehn Mal unter den Top 20 vertreten. Einer der Songs, »Slice of heaven« (mit Dave Dobbyn) aus dem Soundtrack *Footrot Flats*, wurde in den neuseeländischen und australischen Charts die Nummer 1. Die Musik der Herbs wurde als absolut ansteckend gelobt und enthielt fast immer eine politische Botschaft. Ihr Hit »French letter« aus dem Jahr 1982 kritisierte die Atomwaffentests der Franzosen im Südpazifik und wurde in gewisser Weise Ausdruck der Anti-Atomkraftbewegung ganz Neuseelands. Dieser Titel war elf Wochen in den Charts vertreten und schaffte es immerhin bis auf Platz 15. Der Klang eines französischen Akkordeons gepaart mit Reggae-Beat sorgte für einen einmaligen Pazifik-Sound. Der Titel dieses Songs galt als zu gewagt für den Rundfunk (*french letter* ist auf Deutsch nicht etwa ein französischer Brief, sondern ein Pariser, also ein Kondom), weshalb er neu unter dem Namen »Letter to the French« erschien. 1995 wurde er als Zeichen des Protests gegen weitere Atomversuche der Franzosen am Mururoa-Atoll erneut veröffentlicht.

▶ »Nature« von Wayne Mason

Wayne Mason, der Organist der Popgruppe Fourmyula, schrieb »Nature« 1969, dem Jahr von Woodstock, des Films *Easy Rider* und des Beatles-Album *Abbey Road*. Im Januar 1970 wurde der Song die Nummer 1 der Charts in Neuseeland, und auch die Neuaufnahme von 1992 durch die neuseeländische Band Muttonbirds war sehr erfolgreich. Mason gefiel die etwas rockigere Variante der Muttonbirds sehr gut, doch ein paar Fans, einschließlich seiner Mutter, mochten die harten Gitarrenriffs nicht.

Fourmyula aus Upper Hutt hatte sich als kreativste und energiegeladenste Band ihrer Zeit etabliert. Sie produzierten eine Reihe von eigenwilligen Kompositionen, die den lokalen Pop stark beeinflussten. Im Jahr 1968 wurden sie nur deshalb nicht die Nummer 1, weil gleichzeitig »Hey Jude« von den Beatles erschien. Im November 1969 nahmen sie ein neues Album (*Creation*) auf, auf dem unter anderem Masons mit Folk angehauchter Song »Nature«, der durch einen einzigartigen fröhlich-beschwingten Chor zum Mitsingen anregt, zu hören ist. Bei diesem Lied setzte die Band auf Autoharp-Klänge (eine Akkordzither) und sanfte Percussion-Effekte anstatt auf harte Schlagzeugsounds. »Als Bass-Drum diente uns ein hölzerner Deckel, eine lederne Schuhsohle als Hi-Hat und eine volle Streichholzschachtel als kleine Trommel. Die Leute im Aufnahmestudio hielten sich den Bauch vor Lachen, als wir uns die Schuhe auszogen und wie wild mit einem Stock darauf einschlugen, weil wir den richtigen Sound finden wollten.«

Während ihrer einmonatigen Tournee durch Großbritannien erfuhren die Fourmyula, dass ihr Song die Nummer 1 der neuseeländischen Charts geworden war und sich rund 17 000 Mal verkauft hatte.

»Nature« wurde zur Glanzzeit der Popkultur geschrieben. Schwer angesagt waren schulterlange Haare, kunterbunte Klamotten und Bewusstseinserweiterung. Der Song mit seinen Textzeilen »Turning breeze to speech« und »Nature's own voice I hear« gab die psychedelische, idyllische Bildersprache der damaligen Zeit gut wieder, doch die Fourmyula konnten sich mit der sogenannten Gegenkultur nicht so recht anfreunden: »Wir waren doch nur ein Haufen angepasster und total verknallter Teenager. Ich habe ›Nature‹ damals in einer Stunde hingeschmiert, als ich vor dem Haus meiner Mutter auf der Veranda saß. Es war ein traumhaft schöner Tag, ich genoss die Bäume und die Sonne«, erinnert sich Mason. Für ihn war es »ein nettes, unbeschwertes Lied eines 19-Jährigen«. Anlässlich der Feier ihres 75-jährigen Bestehens 2001 wollte die APRA von ihren Mitgliedern und einer Akademie wissen, welcher neuseeländische Song der beste aller Zeiten sei. Und der Gewinner war »Nature« von Wayne Mason.

▶ »Poi E« von Patea Māori Club

Māori-Songs waren nur selten in den neuseeländischen Charts vertreten. Doch 1984 sollte sich das ändern, als der Hit »Poi E« die Charts stürmte und sich 22 Wochen lang dort hielt, viermal sogar auf Platz 1. Der Text stammt aus der Feder der Sprachwissenschaftlerin Ngoi Pewhairangi, für die Musik ist Dalvanius Prime verantwortlich. Mit diesem Lied zeigten sie jungen Neuseeländern, dass sie stolz sein können, ein Māori zu sein – keine Frage, dass das Format dieser »Lehrstunde« ausgesprochen gut bei den Māori ankam. Die beiden trafen sich 1982 und schrieben diesen Song und zwei weitere Nummern an nur einem Tag. »Ich brauchte nur eine Melodie zu summen, und schon schrieb sie den perfekt dazu passenden Text, natürlich auf Māori«, erinnert sich Prime.

Plattenfirmen zeigten kein Interesse an dem Song. Kurzentschlossen gründete Prime sein eigenes Label, Maui Records, und nahm »Poi E« Ende 1983 auf. Der Patea Māori Club legte den Gesang über einen treibenden Rhythmus, den Bass, Drum-Computer und Synthesizer bildeten. Im Rundfunk wurde der Song dennoch kaum gespielt. Erst dank einer Fernsehreportage des Teams von *Eye Witness News* wurde der Song auch einem größeren Publikum bekannt. Trotzdem schaffte es »Poi E« im März 1984 an die Spitze der Charts. Auch in Übersee war der Song sehr erfolgreich. Der Patea Māori Club tourte 1984 durch das Vereinigte Königreich, spielt im Londoner Palladium, beim Edinburgh Festival und gab eine Hofsondervorstellung. Das britische Magazin *New Musi-*

cal Express sprach von »Poi E« als der Single der Woche. Auch auf den Straßen Neuseelands trällerten junge Māori ihr Lieblingslied vor sich hin, wie die Band bei ihrer Rückkehr mit Freude feststellte. Anfang der achtziger Jahre war Breakdance überall angesagt, und die Jugendlichen gaben ihre Vorstellungen zu »Poi E« auf dem Aotea Square und anderen belebten Plätzen in Auckland. Später wurde sogar ein Musical daraus geschrieben, das erzählte, wie sich die Schließung des Schlachthofs auf die kleine Gemeinde von Patea auswirkte.

▶ Der Elvis Neuseelands: Johnny Devlin

Johnny Devlin war die neuseeländische Antwort auf Elvis Presley. Seine ersten Erfahrungen mit Musik sammelte er in der Wanganui-Szene, da seine ganze Familie seit den 1940er Jahren regelmäßig bei Talentwettbewerben auftrat. Johnny ging noch zur Schule, als er 1951 seinen ersten Solauftritt auf der Bühne des Wanganui Opernhauses hatte, und mit einem flotten Jodelstück überzeugte. 1955 gründeten die Devlin-Brüder die Band River City Ramblers. Rund ein Jahr lang traten sie mit ihren Coverversionen bekannter Nummern aus Country und Rock'n'Roll in Jugendclubs, bei Tanz- und Talentwettbewerben auf. Die Band trennte sich 1956, und wohl zur selben Zeit entdeckte Johnny Elvis Presley. Danach war für ihn alles klar, und er begeisterte sein Publikum mit Liedern des bekannten Künstlers in Wanganui und in Palmerston North, dem »Big Smoke« Neuseelands.

Bei Devlins ersten Auftritt im Jive Centre in Auckland schnappten die Fans fast über. Junge Frauen und Mädchen kreischten hysterisch, als er die Hüften kreisen ließ und eine perfekte Show im Stile von Elvis abzog. »Ich glaube, die haben schon geschrien, wenn ich bloß mein Bein kurz geschüttelt habe. Und wenn ich das dann wiederholt habe, konnten sie kaum mehr an sich halten.« Hits wie »Lawdy Miss Clawdy« erschienen 1958, und Devlin spielte in ganz Neuseeland vor ausverkauften Häusern. Nach einer Show in Christchurch fuhr er – ganz Elvis – in einem pinkfarbenen Cadillac davon. Neben ihm saß Kabinettsmitglied Mabel Howard, aufgedonnert und ganz in Pelz gewandet. Kreischende Mädchen und junge Frauen standen vor den Hinterausgängen der Konzertsäle Schlange, weil sie unbedingt einen Blick auf ihr Idol werfen wollten, aber auch nichts gegen ein Souvenir einzuwenden hatten. Er warf immer wieder mal Kleidungsstücke von der Bühne ins Publikum, und seine Agenten ließen seine Hemden so anfertigen, dass die Fans Stücke davon abreißen konnten. In Invercargill zerrissen ihm aufgebrachte Fans sogar die Hosen und brachen in den Backstagebereich ein. Devlin musste aus dem Fenster der Herrentoilette klettern, um sich in Sicherheit zu bringen. In Greymouth blieb den Aufpassern nichts anderes übrig, als zum Feuerwehrschlauch zu greifen und Fans abzuwehren, die ihn partout nicht in Ruhe lassen wollten.

▶ »There is no depression in New Zealand«
von Blam Blam Blam

1981 war das Jahr, in der sich starke Unsicherheit breitmachte, wie es den wohl mit der Wirtschaft weiterginge. Die typischen Anzeichen waren der Anstieg der Arbeitslosenzahlen, Arbeitskämpfe und das Einfrieren der Löhne und Gehälter – eine Maßnahme der Regierung unter Premierminister Robert Muldoon. An der sozialen und der politischen Front wurden Befürchtungen laut, die bevorstehende Tour der südafrikanischen Rugby-Union-Nationalmannschaft, der Springboks, könnte heftige Unruhen provozieren. Dieses Klima von Angst und Unbehagen wurde perfekt von den richtungsweisenden Band Blam Blam Blam aufgegriffen, als sie im Juli 1981 ihren Song »There is no depression in New Zealand« (auf Deutsch: »Es gibt keine Wirtschaftskrise in Neuseeland«) veröffentlichten. Der spöttische, satirische Text von Richard von Sturmer sprach den Anhängern der Protestbewegung aus der Seele, weshalb so mancher das Lied zur »inoffiziellen Nationalhymne« erklärte. Es war nicht nur beliebt, es verkaufte sich auch gut und wurde bereits einen Monat nach Erscheinen mit Gold ausgezeichnet. Blam Blam Blam hatte bereits im Dezember mit »Don't Fight it

Marsha« einen weiteren Hit. Ihr Debutalbum, *Luxury Length*, das im Juli 1982 herauskam, erreichte Platz 4 in den Charts.

Doch das Blatt wendete sich zum Schlechten, als der Bandbus während ihrer Tournee in einen Unfall verwickelt wurde, bei dem der Bassist Tim Mahon schwer verletzt wurde. Im Endeffekt bedeutete dieser Unfall das Aus für eine Band, die Simon Grigg im Rückblick mit den Worten beschrieb: »Eine der wichtigsten neuseeländischen Bands der achtziger Jahre mit der größten musikalischen Bandbreite, die im wahrsten Sinn des Wortes den Takt vorgab und der Menschheit weitaus mehr hinterlassen hat als nur ein paar Platten.« Der Schlagzeuger und Sänger von Blam Blam Blam, Don McGlashan, gründete gemeinsam mit Harry Sinclair 1985 The Front Lawn – einen Musik-, Theater- und Film-Act. Nachdem sich das Duo 1990 auflöste, wurde er zur treibenden Kraft der Mutton Birds (1991–2002).

▶ »Come to the Sabbat« von Timberjack
Die zwölf Finalisten bei der Verleihung der Goldenen Schallplatte 1971 in Loxene, dem wichtigsten Musikpreis Neuseelands, gehörten eigentlich zu den üblichen Verdächtigen der neuseeländischen Pop- und Rockmusik. Suzanne und ihre Coverversion von »Stand by your man«, Chaptas widerlich süßes »Say a prayer« (das die Auszeichnung als beste Gruppe be-

kam), Ray Columbus with »People are people« (aus dem Song stammt die unsterbliche Zeile »People are people whatever they eat for breakfast«) und Craig Scotts »Smiley« (Gewinner des Preises für den besten Solokünstler) waren die Art von Musikern und Künstlern, die den Erwartungen dieser Veranstaltung gerecht wurden. Ganz anders dagegen Timberjack. Ihre Coverversion des Songs »Come to the Sabbat« (ursprünglich wurde es von der britischen Band Black Widow 1970 aufgenommen) begann mit einem Trommelschlag und einem Gesang, der an die Musik der nordamerikanischen Ureinwohner erinnerte. Dieser Sound, meist mit Flöte, war typisch für den sogenannten Prog Rock (Progressive Rock) – und klang irgendwie nach Jethro Tull. Viele Zuhörer waren durch die Zeile »Come, come, come to the Sabbat, Come to the Sabbat – Satan's there« irritiert, um nicht zu sagen schockiert. Doch ihr Ruf als verruchte Band förderte nur die Verkaufszahlen.

Timberjack entstand aus der Wellingtoner Band Dizzy Limits, die Ende 1969 mäßig erfolgreich in Neuseeland war, und sich 1970 nach Großbritannien aufmachte. Sie kehrten unter einem anderen Namen nach Neuseeland zurück, und ihre Plattenfirma Ode verkündete voller Stolz, dass ihre Musik endlich auch in Neuseeland angekommen wäre. Der Name klinge heavy, und sie spielen auch heavy – wie es dem damals neuesten Trend im Prog Rock entsprach.

»Come to the Sabbat« kennzeichnete den Beginn ihrer Karriere – und bedeutete zugleich auch ihr Aus: Ende 1971 löste sich die Band auf.

▶ »How bizarre« von OMC

»Eintagsfliege«, »Vom Tellerwäscher zum Millionär und wieder zum Tellerwäscher« – ganz gleich, wie man das Ganze nennt, es ist und bleibt eine Tatsache, dass der Hit »How bizarre« von OMC – des Otara Millionaires Club – Neuseelands meistverkaufte Schallplatte aller Zeiten ist.

Der Song war wirklich auf der ganzen Welt erfolgreich – von der Nummer 1 in Neuseeland zur Nummer 1 in Australien, Kanada, Irland, Südafrika und Österreich, dann die Nummer 1 der US-amerikanischen Airplay-Charts und die Nummer 2 der Billboard Top 100. Im Vereinigten Königreich landete er auf dem 5. Platz, und von dort aus schaffte er es von Portugal bis Israel fast überall in die Top Ten. Zwischen 1995 und 2000 verkaufte OMC zwischen drei und vier Millionen Platten. Irgendwie überrascht es dann doch zu hören, dass der Song nur Nummer 34 der APRA Top 100 wurde.

»How bizarre« stammt aus der Feder des OMC-Frontmanns Pauly Fuemana, der die Gruppe 1993 mit seinem Bruder Phillip und Paul Ave gegründet hatte, obwohl er bis 1995 überwiegend als Solokünstler auftrat. Produzent dieses Songs war Alan Jansson, der erfolgreiche Hits am laufenden Band produzierte, darunter auch Hits der in den achtziger Jahren angesagten Wellingtoner Bands Steroids und Body Electric (deren Single »Pulsing« monatelang in den neuseeländischen Charts vertreten war). Simon Grigg, der den Song zunächst über sein Label Huh! veröffftlichte, schreibt Fuemana und Jansson dem Sound von »Urban Pacific« zu. OMC war international (vor allem in Europa) erfolgreich, nicht zuletzt mit ihren Singles »Right on« and »On the run« und dem Album *How bizarre* (1996). Das dicke Ende kam 1997 als »I love LA«, eine Single aus dem Soundtrack zu *Mr. Bean*, erschien. Kritiker beschrieben den Song als »unglaublichen Flop«, »grauenhafte Aufnahme« und »Karrierekiller«.

▶ Kiwi Records: »Musik und Stimmen Neuseelands«
Gibt es ein passenderes Label für neuseeländische Musik als Kiwi Records? Dieser Ableger des Verlagshauses A. H. & A. W. Reed begann 1957 mit der Produktion von Schallplatten, um die Sprache der Māori, Sport und Kultur an den Schulorten zu fördern, die sich mit den Texten dieser Art von Volksmusik im Unterricht befassen sollten. Die erste von Kiwi Records auf den Markt gebrachte Scheibe hieß *Māori Action Songs – 1* (1957) des Putiki Māori Clubs. Ab den siebziger Jahren verkaufte sich Musik aus dem Pazifikraum über Kiwi Records Label na-

mens Hibiscus recht gut. Diese Aufnahmen waren im Prinzip nichts anderes als die Vertonung der Balladen und Volkslieder aus zahlreichen Büchern. Neil Colquhouns Band, die Song Spinners, veröffentlichte *Songs of the Whalers*, *Songs of the Gold Diggers* und *Songs of the Gumdiggers*. 1972 gelang Colquhoun mit der Veröffentlichung von *Songs of a Young Country* eine besonders wichtige Collection.

Zur typisch neuseeländischen Künstlerszene zählten der Liedermacher Peter Cape, Songschreiber Ken Avery, Liedsammler Les Cleveland, die Kokatahi Band aus Westland und die Hamilton County Bluegrass Band. Die Neuerscheinungen waren so typisch für Neuseeland wie das Logo des Labels. Ash Burton and the Night Caps (Alex Veysey) haben wir den internationalen Erfolg *Tea at Te Kuiti* zu verdanken.

Doch das Plattenlabel Kiwi produzierte nicht nur Songs und Musik. In den sechziger Jahren waren die neumodischen Hi-fi-Geräte sehr beliebt bei den Neuseeländern, und sie kauften im Prinzip alles, was in Scheiben gepresst auf dem Markt erhältlich war – von Vogelgezwitscher, über das Bersten von Eisbergen in der Antarktis hin zum Sound von Dampflokomotiven. Der gemeine Fan von Eisenbahnen kam mit Platten wie *Steam militant! Steam locomotives in the South Island* oder *A Power of Steam: Steam Locomotives in the Central North Island* voll auf seine Kosten.

▶ »My old man's an All Black«

Während der Apartheid in Südafrika gaben die sportlichen Bande mit diesem Land immer wieder Anlass zu teils heftig geführten Diskussionen – und spalteten das Land. Die Massenproteste und Unruhen während der Springbok Rugby-Tournee von 1981 gelten als Höhepunkt dieser anhaltenden Auseinandersetzung. Doch die Proteste gegen südafrikanische Sportteams nahmen bereits 1960 ihren Anfang, als sich die All Blacks – die Rugby-Nationalmannschaft Neuseelands – den Rassengesetzen Südafrikas beugten und ein Team ohne Māori zusammenstellten. Als Antwort darauf veröffentlichte Kiwi Records eine Single mit »On the rugged rugby-playing trail« – gesungen von den Rugby-Spielern und den Sportlern und Künstlern, die ansonsten während der Halbzeit ihren Auftritt hatten, unter der musikalischen Leitung von Ken Avery. Auf der anderen Seite stellte Alwyn Owen mit seiner Parodie die Frage: »What is a rugby supporter?«

Auch andere Musiker reagierten darauf, dass nicht alle »Jungs aus Neuseeland« auf die Tournee mitgenommen wurden. Gerry Merito, Mitglied des beliebten Howard Morrison Quartetts, das sich ausschließlich aus Māori zusammensetzte, schrieb »My old man's an All Black«. Die »bitter-süße Parodie« von Lonnie Donegans »My old man's a dustman« setzte ganz auf Humor, um seine Meinung über diesen Affront deutlich zu machen. Der Song wurde im Rathaus von Pukekohe aufgenommen, und zwar hinter verschlossenen Türen, da man nicht wollte, dass die Zuhörer den Saal während der Aufnahme verließen. Gegen 1 Uhr morgens war der Produzent mit der Qualität der Aufnahme zufrieden, und die zunehmend unruhiger werdenden Anwesenden durften endlich nach Hause gehen. Der Song wurde ein großer Hit und verkaufte sich etwa 60 000 Mal.

▶ Riot 111: Staatsfeindliche Radikale

Der Fernsehsender Avalon – seinerzeit die Schaltzentrale für das örtliche Fernsehen – sah sich 1982 einer mehr als ungewöhnlichen Kundgebung gegenüber. Gegen das vermeintliche Verbot eines neuseeländischen Musikvideos wurde kräftig protestiert. An einem Donnerstag im Juli versammelte sich die ganze Belegschaft vor den Fenstern, um die Punkrocker von Riot 111 zu beobachten, die hinten auf einem offenen Lkw abrockten, was das Zeug hielt. Den Strom für ihren selbstgemachten Kreissägensound kam von einem Generator. Die Band aus Wellington protestierte gegen die Weigerung des neuseeländischen Fernsehsenders, den Videoclip zu ihrer Single »Writing on the wall« in der einzigen neuseeländischen Videoshow *Radio With* auszustrahlen. In dem Song hieß es unter anderem: »You're all waiting for 1984, but we all know it's here« (sinngemäß übersetzt: »Ihr wartet alle auf 1984, dabei ist es doch schon längst da«). Der Clip enthielt Bilder von den Zusammenstößen zwischen der Polizei und Demonstranten, die 1981 während der Tournee der südafrikanischen Springboks aufgenommen worden waren. Das Video wurde mit der Begründung nicht ausgestrahlt, dass es Gewalt gegen Polizisten verherrliche. Für Riot 111 handelte es sich um eine »dumme und gefährliche Zensur«. Als die Band vor den Avalon Studios lautstark die Stimmung aufheizte, warfen die Angestellten Klopapier aus den Fenstern der oberen Stockwerke. Punkfans sprühten »Remember Riot 111« mit blauer Farbe quer über den Rasen und hissten die Flagge mit dem großen A für Anarchie. Riot 111 war von Anfang der Inbegriff der Proteste gegen die Tour der Springboks gewesen. Ihre erste Single »1981«, angelehnt an das berühmte »Ka mate'«-Haka und »Amandla« (Freedom), wurde sofort zu einem Sprechgesang der Demonstranten umgemünzt.

▶ Lieder über die Eisenbahn

Neuseeland ist beileibe nicht wegen seiner Lieder über die Eisenbahn bekannt geworden – zwischen den paar neuseeländischen Songs über dieses Thema und den amerikanischen »I've been working on the railroad«, »This train (is bound for glory)« und »The Wabash Cannonball« liegen Welten. Doch nur wenige neuseeländischen »Volkslieder« sind so ironisch wie »Taumarunui« von Peter Cape, der Geschichte über die unerwiderte Liebe eines »ganz normalen Typen« und einer »Tussi«, die im stadtbekannten Ausschank der Eisenbahngesellschaft hinterm Tresen arbeitet.

Diese Mischung aus Romantik und praktischem Nutzen, die bei der Eisenbahn mitschwingt, inspirierte zu einigen weiteren neuseeländischen Folksongs. Auch das Loblied über eine mysteriöse Eisenbahnlinie in Northland, »The Okaihau Express«, stammt aus der Feder von Cape. Der »smallest train you've ever seen«, der nur aus einem »engine and a guard's van with a carriage in between« (sinngemäß: aus einem Triebwagen und einem einzigen Waggon) besteht, dieser »Express« also befördert so ziemlich alles, von »puppies in an apple box« (Welpen in einer Apfelkiste) bis zu »pipis in a sack« (Muscheln im Sack). Bill Timmins »The Fairlie flyer« erinnert an die längst erloschene Blütezeit der Bummelbahn. Rod Derretts »Kiwi train« und Barry Linehams »Wellington Express« lassen beide das Bild von der berüchtigten »battle for a little tea and supper« (Sinngemäß: Schlacht um etwas Tee und Abendbrot) am Ausschank entstehen. Im zuletzt genannten Song werden außerdem jede Menge Schlachtrufe und Sprüche, wie man sie sonst nur vom Rugby kennt, verwendet.

▶ Shihad: Nomen est omen?

Vielen Musikern gilt der lukrative US-Markt als Schlüssel zum Erfolg. Auch die neuseeländische Band Shihad sah dieses Vorhaben als harte Nuss an, doch nach dem Erfolg ihres vierten Albums *The General Electric* (1999) waren die Rocker optimistisch gestimmt und dachten, sie könnten das erreichen, was bislang nur wenigen Bands aus Neuseeland gelungen war: dauerhaften Erfolg in diesem riesigen Land zu haben. Die Band kam Anfang September 2001 mit einem Plattenvertrag in der Tasche in Los Angeles an. Eine Woche später bekam sie die Konsequenzen der Terroranschläge am eigenen Leib zu spüren. Der Bandname »Shihad« klang nach amerikanischen Begriffen zu sehr nach Dschihad (dem arabischen Wort, das oft fälschlicherweise mit Heiliger Krieg übersetzt wird, eigentlich aber »sich Mühe geben, fleißig sein, arbeiten und sich anstrengen« bedeutet). Ihnen wurde auf jeden Fall mitgeteilt, dass es nicht weiter interessiere, wie gut ihre Musik sei, denn niemand würde ihren Namen im Radio aussprechen. Shihad reagierte im Januar 2002 darauf und änderte ihren Namen in Pacifier (auf Deutsch: Friedensstifter), nach einem Titel aus *The General Electric*. Die Band genoss in Neuseeland hohes Ansehen wegen ihrer Live-Auftritte, und einige Fans waren alles andere als zufrieden mit dem neuen Namen und warfen ihr vor, sie würde sich verkaufen, um es in den USA zu schaffen. Der Gitarrist der Band, Phil Knight, erklärte daraufhin, dass es schon immer ihr Traum gewesen sei, »in Amerika den Durchbruch zu schaffen und viele Platten zu verkaufen«, dass sie aber mittlerweile einsehen, dass es besser gewesen wäre, »sich treu zu bleiben und den ursprünglichen Namen zu behalten«. Ab 2004 nannte sich die Band wieder Shihad.

▶ »Now is the hour« (»Haere Ra«): Neuseelands erste Platte, die sich millionenfach verkauft?

Der Song »Now is the hour« geht ursprünglich wohl auf das beliebte Klavierstück »Swiss Cradle Song« von Clement Scott zurück, das 1913 von der australischen Musikgesellschaft W. H. Paling and Co auf den Markt gebracht wurde. Nur kurze Zeit später entstand in Neuseeland daraus »Po Atarau«, das immer angestimmt wurde, wenn Māorische Soldaten in den Ersten Weltkrieg zogen und sich ihre Familien und Freunde von ihnen verabschiedeten. 1920 wurde der Song von Maewa Kaihau, aus dessen Feder der Text »This is the Hour« stammt, abgewandelt. Bis 1935 wurde das Stück dann als der »Haere Ra Waltz Song« bekannt, der vor allem bei Tanzveranstaltungen oder Abschieden immer beliebter wurde, und auch im Zweiten Weltkrieg war es das Abschiedslied schlechthin. In »Now is the hour« wurden Māorische und europäische Traditionen miteinander kombiniert, um beide in Neuseeland heimische Nationalitäten anzusprechen. 1945 besuchte die Sängerin Gracie Fields im Rahmen der Truppenbetreuung Neuseeland und hörte den Song bei einem Konzert in Rotorua. Ihr Fahrer, der in seiner Freizeit eine Tanzgruppe in Auckland leitete, brachte ihr ihn bei, und im Juli 1947 sang Fields ihre Version im Radio (BBC). Ihre Aufnahme von »Now is the hour« wurde ein großer internationaler Erfolg. Im Februar 1948 schaffte es die Version von Bing Crosby in die amerikanischen Charts.

▶ Die Geburt des neuseeländischen Rock'n'Roll: Johnny Cooper – »Der Māori-Cowboy«

Ohne Wanganui wäre neuseeländische Musik nicht das, was sie heute ist. 1957 erblickte der Rock'n'Roll Neuseelands in dieser Kleinstadt das Licht der Welt – in einem Schnellimbiss, und die »Hebamme« war der Countrysänger Johnny Cooper. Er war auf einer Farm in Wairoa groß geworden, wo er den Schafscherern Stücke auf seiner Gitarre vorspielte. Er wurde als »der Māori-Cowboy« bekannt, weil er Countryballaden mit seiner Band, den 1952 gegründeten Range Riders, schmachtend zum Besten gab. Cooper veröffentlichte 1955 die erste Rock'n'Roll-Scheibe Neuseelands, auf der unter anderem Bill Haleys Hit »Rock around the clock« zu hören war. Anders als die Teenager im Land war Cooper selbst noch nicht wirklich begeistert von diesen neuartigen Sound. Und bei allem Respekt, seine Aufnahme des weltweit erfolgreichen Hits zählt nicht zu den besten Coverversionen. Doch mit seiner dritten Rock'n'Roll-Platte »Pie cart rock'n'roll« (1957) sicherte er sich einen Platz in Neuseelands Musikgeschichte.

Cooper schaute spät in der Nacht nach einem Auftritt bei einem Talentwettbewerb oder einer Tanzveranstaltung gerne noch bei einem Schnellimbiss in Wanganui vorbei. Auf der bescheidenen Speisekarte stand nur ein Gericht: Pastete mit Erbsen und Kartoffeln. Der Gast konnte sich das Essen entweder einpacken lassen und mitnehmen oder sich auf die enge Sitzbank in dem stets stickigen und muffigen Schnellimbiss zwängen. Eines Nachts erzählte Cooper den Gastwirten, Arthur und Geraldine Dalley, dass er einen Song über ihren Laden geschrieben hätte. Die Geburtsstunde von »Pie cart rock'n'roll« hatte geschlagen – zum ersten Mal war ein Rock'n'Roll-Song in Neuseeland entstanden. Doch war dieses Klasselied über einen Schnellimbiss tatsächlich und nachweisbar der erste Rock'n'Roll-Song – oder war ihm der lange Zeit in Vergessenheit geratene Strandsong »Resuscitation rock« doch zuvorgekommen? Beide Songs stammen aus dem Jahr 1957 – zweifelsohne das Jahr, in dem die Rock'n'Roll-Welle auch Neuseeland erreichte.

»Resuscitation rock« wurde vom damals 16-jährigen Sandy Tansley nach einem heißen Sommertag am Strand von Days Bay in Wellington geschrieben. Tansley, der von der Tageszeitung *Evening Post* als »Wellingtons eigener Elvis Presley« bezeichnet wurde, schrieb den Song mit zwei seiner Freunde aus dem Hutt Valley Jugendclub. Im März wurde das Stück dann aufgenommen. Die große Frage lautet, wann genau erschien die Platte auf dem Markt? Der Forscher John Baker aus Auckland behauptet, die Scheibe sei im September 1957 erschienen – und hätte damit »Piecart rock'n'roll« um einige wenige, nichtsdestotrotz entscheidende Wochen geschlagen.

▶ Kiri Te Kanawa – die Diva Neuseelands

Eine der erfolgreichsten und international anerkanntesten Künstlerinnen ist die Opernsängerin Kiri Te Kanawa. Ihr Ruhm gründet sich zwar hauptsächlich auf Musikstücken, die nicht in Neuseeland komponiert und geschrieben wurden, doch sie machte sich auch in Übersee einen Namen, weil sie traditionelle und zeitgenössische Māori-Lieder wie »Pokarekare Ana« aufnahm. Nachdem sie den angesehenen Musikwettbewerb Mobil Song Quest 1965 gewonnen hatte, verließ Kiri Neuseeland, um eine Ausbildung am Londoner Opera Study Centre zu beginnen. Nach einem Auftritt in Covent Garden erregte sie internationales Aufsehen und durfte Hauptrollen an den größten Opernhäusern Europas – dem Royal Opera House in London, dem Metropolitan in New

York, der Mailänder Scala und der Opera in Paris – übernehmen. Die meisten Neuseeländer dürften sich wohl wegen Kiri Te Kanawas Auftritt in der St Paul's Kathedrale 1981 anlässlich der Hochzeit von Prinz Charles und Lady Diana Spencer erinnern. Sie begeisterte rund 600 Millionen Zuschauer mit Händels »Let the bright Seraphim«. Im Jahr darauf wurde sie von Queen Elizabeth II geehrt und trägt seitdem den Titel »Dame of the British Empire«. Obwohl sie seit 1965 nicht mehr in Neuseeland wohnt, tritt Kiri Te Kanawa auch heute noch regelmäßig dort auf. Anlässlich der 150-Jahrfeier Neuseelands 1990 gab Kiri mehrere Konzerte, die unter dem Motto »Homecoming« standen. Ihr Konzert zum Jahrtausendwechsel in Gisborne, das im Januar 2000 stattfand, wurde in über achtzig Länder übertragen. Kiri Te Kanawa beendete ihre Karriere als Opernsängerin 2004. Angesichts der zahlreichen Auszeichnungen und Preise, mit denen sie geradezu überhäuft wurde, meinte sie einmal, Singen sei »der Grund, weshalb ich geboren wurde«.

▶ *Based on a True Story* von Fat Freddy's Drop
Im Mai 2005 eroberte die Wellingtoner Band (oder sollten wir besser von einer Musikkommune sprechen?) Fat Freddy's Drop die neuseeländische Musikszene mit der Veröffentlichung ihres ersten Studioalbums *Based on a True Story*. Schon am ersten Tag

verkaufte sich das Album so gut, dass es mit der Goldenen Schallplatte ausgezeichnet wurde. Die Musiker trafen sich zur Aufnahme in einem Studio, das sich im Keller des Hauses eines ihrer Musiker befand, die Veröffentlichung erfolgte über ihr eigenes Label, The Drop. Es war das erste Album der Marke Eigenproduktion, das die neuseeländischen Charts eroberte. Doch der Erfolg der Band hatte sich in Wahrheit gar nicht über Nacht eingestellt. Ihre Mitglieder gehörten alle einem losen Zusammenschluss von Musikern aus Wellington an, die wegen ihrer sagenhaften Live-Auftritte äußerst beliebt bei ihren Fans waren. Ihre Musik – eine Mischung aus Reggae, Dub, Funk, Jazz, Soul und Club-Rhythmen – war ein unvergleichlicher polynesischer Sound, und ihre erste längere Aufnahme, *Live at the Matterhorn*, war im Grunde nichts anderes als eine längere Jam-Session, die in einem beliebten Wellingtoner Nachtclub aufgenommen wurde. Mundpropaganda führte zu einem Verkauf von 11 000 Exemplaren. *Based on a True Story* dagegen verkaufte sich allein in Neuseeland über 100 000 Mal. Bei den neuseeländischen Music Awards von 2005 wurde es mit Auszeichnungen nur so überschüttet: bestes Album des Jahres, bestes Album in der Kategorie »Aotearoa Roots«, wie der neuseeländische Jazz-Soul bezeichnet wird, beste Gruppe und den People's Choice Award, mit dem das Publikum seine Lieblinge ehrt. Auch die internationalen Kritiker schwärmten in den höchsten Tönen von der Platte. Trotz des unglaublichen Erfolgs von *Based on a True Story* ist unbestritten, dass Fat Freddy's Drop am besten bei Live-Auftritten ist. Zu den außergewöhnlichen Mitgliedern der Band zählen die drei Hornisten Warryn Maxwell (alias Fulla Flash), Toby Laing (alias Tony Chang) und Joe Lindsay (alias Hopepa). Sie begegneten sich Mitte der neunziger Jahre zufällig in der Wellingtoner Jazz-Schule und bildeten das Herz einer neuen musikalischen Bewegung in Neuseeland, der auch Bands wie Little Bushman, The Black Seeds und Trinity Roots angehören.

▶ Suburban Reptiles: Kiwi-Punks

Auch die Kiwi-Punks verstanden es – wie ihre stachligen Gesinnungsgenossen in Übersee – die lokale Regenbogenpresse zu nutzen, um Aufmerksamkeit zu erregen, ganz gleich, ob positive oder negative. 1977 schrieb die *Sunday News* über eine Schar Clash-Fans aus Auckland, die sich nach dem Interview zum Hafen aufmachen wollte, um »ein paar Möwen abzuknallen«. Die *NZ Truth* stieß ins gleiche Horn, als die Punkband Suburban Reptiles aus Auckland – die ersten in ganz Neuseeland – es ihnen bei dem Festival der Künste der Victoria University im August 1977 gleich tat. Die Zeitung bauschte die Geschichte über einen unglückseligen Vorfall auf, als der Schlagzeuger der Reptiles »Buster Stiggs« einen seiner Drumsticks ins Publikum warf und dabei wohl eher versehentlich einen jungen weiblichen Fan verletzte. In dem Bericht hieß es, »Punks machen ihrem Namen alle Ehre«, was als Anspielung darauf zu verstehen ist, dass Punk übersetzt auch Dreckskerl heißen kann. Die *Truth* behauptete, dass »diese Hooligans« die Stimmung auf dem Festival komplett ruiniert hätten, weil sie die Zuschauer angespuckt und beschimpft hätten. Die Zeitung erregte mit einer später erschienenen Kritik über die erste Single der Reptiles, »Megaton«, Aufsehen, da fast ausschließlich über die Nazi-Symbole auf dem Cover geschrieben wurde. Weitaus mehr Leute erinnern sich an ihre zweite Single »Saturday night (stay at home)«. Die Reps schafften es auch nach ihrer Rückkehr nach Wellington als Headliner des New Wave Spectacular in der Town Hall in die Schlagzeilen. Die Gäste des Awapuni Hotels in Palmerston North schienen wenig begeistert von dem Popphänomen des Jahres 1977, und griffen die Bandmitglieder tätlich an.

▶ »She's a mod« von Ray Columbus and the Invaders
Kein anderer neuseeländischer Song greift den Spaß, die Lebenslust und den blanken Optimismus der Jugend in den 1960er Jahren besser auf als Ray Columbus and the Invaders mit ihrem äußerst erfolgreichen Song »She's a mod«. Die Aufnahme entstand 1964

in Auckland, wenige Wochen vor Beginn der Beatles-Tournee durch ganz Neuseeland, und in dem Song ging es über die »Invasion der Briten«, nur dass es dieses Mal keine Menschen, sondern Mode, Tanzstile und »Swinging London« waren. Carnaby Street, die Pille und die Erfinderin des Minirocks, Mary Quant, waren quasi auf der ganzen Welt zu Hause. Die Beatlemania nahm Anfang 1964 gerade ihren Anfang, doch noch immer waren amerikanische Künstler und Tanzrichtungen maßgebend. Columbus und seine Band, die Invaders, setzten schon immer auf das härtere, brutalere Image der Briten, und damit waren sie zu Stars ihrer Heimatstadt Christchurch avanciert. Ende 1962 zog es die Band dann endgültig nach Auckland, wo sie viele Fans zu ihren Auftritten in Nachclubs wie dem »Shiralee« locken konnten, da der gut tanzbare Rhythmus ihres Blues, der perfekt zu den pinkfarbenen Gitarren, ihrem Zottelhaar, den schwarzen Röhrenhosen und den extrem spitzen Schuhen passte, gut ankam.

Kurz nach ihrer Rückkehr von Australien nach Neuseeland im Mai 1964 nahmen Columbus und seine Band für das Plattenlabel Zodiac Records »She's a mod« in Eldred Stebbings Partykeller in der Saratoga Avenue, Herne Bay, Auckland auf. Der Text dazu stammt aus der Feder des britischen Songwriters Terry Beale, der für seine düsteren Texte bekannt war. Jack Argent, ein Plattenproduzent, der auch die Beatles-Alben in Australien veröffentlichte, hatte der Band den Text in Sydney angeboten. Zunächst mochte keiner aus der Band »She's a mod«, nur Columbus dachte, dass sich etwas daraus machen ließe. Ihre endgültige Version war rockiger als das britische Original, die Gitarrenriffs härter, nicht zu vergessen das ausgelassene »Yeah, yeah, yeah« – der Ohrwurm, der diese Zeit prägte wie kein anderer. Knapp vierzig Jahre später wirkt der Song noch immer erstaunlich frisch, was angesichts der primitiven Ausstattung von Stebbings Studio noch mehr verwundert, denn Columbus konnte während der Aufnahme nicht einmal seinen eigenen Gesang hören. Der Song kam im Juni 1964 auf den Markt, als die Beatles sogenannte Pois – von den Māori erfundene Spinningbälle, ursprünglich aus Holz und mit Flachs zusammengebunden – schwangen und ganz Neuseeland mit ihrem Auftritt verzauberten. Bei dieser Konkurrenz konnte sich »She's a mod« nicht durchsetzen und geriet zunächst in Vergessenheit. Zur Überraschung aller wurde der Song im Oktober 1964 in Sydney dann doch noch zu einem Hit, kletterte in den Charts ganz nach oben und verkaufte sich in knapp drei Wochen über 20 000 Mal.

Die Band hatte noch mehr Hits, allen voran den grüblerischen Gewinner des Loxene Golden Disc Award »Till we kissed«. Doch keinem ihrer späteren Songs gelang es, die damalige Zeit so perfekt einzufangen. Nachdem sich die Band 1965 auflöste, nahm Columbus den Song mit Blechmusikern für sein Soloalbum auf. Jahre später lebte der Künstler in Kalifornien und nahm den Song mit seiner Band Art Collection ein drittes Mal auf. Die extreme Haltbarkeit dieses Stücks trat in den achtziger Jahren zutage, als im Radio bevorzugt Klassiker gespielt wurden. Schon zu Beginn dieses Jahrzehnts war »She's a mod« erneut unter den Top 20 vertreten. 1990 kletterte die Rapversion von Columbus, Double J und Twice the T in den Auckland-Charts ganz nach oben und schaffte es im restlichen Land immerhin auf Platz 2.

Die 30 besten neuseeländischen Songs aller Zeiten

Anlässlich seines 75-jährigen Bestehens rief die APRA 2001 seine Mitglieder und eine Akademie auf, über die besten Songs Neuseelands aller Zeiten abzustimmen. Der klare Sieger war »Nature« von Wayne Mason aus dem Jahr 1969.

Dieser Akustiksong der Band Fourmyula eroberte im Januar 1970 Platz 1 der neuseeländischen Charts. Fourmyula hatte den Song kein einziges Mal live gespielt – was sehr merkwürdig war. Als Grund dafür gab Mason an, das die Zuschauer zur damaligen Zeit nicht damit gerechnet hätten, dass eigene Songs live gespielt würden. »Mit unseren eigenen Stücken hätten wir die großen Tanzsäle nie füllen können … wir haben kein Einziges davon auf der Bühne gespielt, immer nur Tamla Motown, Arthur Brown und ›Everlasting love‹.«

Nach der Abstimmung durch die Mitglieder der APRA und der Akademie zählen die folgenden 30 Songs zu den besten Neuseelands:

1. »Nature« von Wayne Mason (Fourmyula, 1969)
2. »Don't dream it's over« von Neil Finn (Crowded House, 1987)
3. »Loyal« von Dave Dobbyn (1988)
4. »Counting the beat« von Phil Judd / Mark Hough / Wayne Stevens (The Swingers, 1981)
5. »Six months in a leaky boat« von Tim Finn (Split Enz, 1982)
6. »Sway« von Bic Runga (1997)
7. »Slice of heaven« von Dave Dobbyn (Dave Dobbyn with Herbs, 1986)
8. »Victoria« von Jordan Luck (Dance Exponents, 1982)
9. »She speeds« von Shayne Carter (Straitjacket Fits, 1987)
10. »April sun in Cuba« von Paul Hewson / Marc Hunter (Dragon, 1978)
11. »I got you« von Neil Finn (Split Enz, 1980)
12. »Whaling« von Dave Dobbyn (DD Smash, 1984)
13. »Not given lightly« von Chris Knox (1990)

14. »Pink frost« von Martin Phillips
    (The Chills, 1984)

15. »Jesus I was evil« von Darcy Clay (1997)

16. »Weather with you« von Tim Finn / Neil Finn
    (Crowded House, 1991)

17. »Blue smoke« von Ruru Karaitiana (Pixie Williams and the Ruru Karaitiana Quartet, 1949)

18. »Dance all around the world« von Corben Simpson / Geoff Murphy (Blerta, 1972)

19. »Lydia« von Julia Deans (Fur Patrol, 2000)

20. »Blue lady« von Graham Brazier
    (Hello Sailor, 1977)

21. »Drive« von Bic Runga (1996)

22. »Chains« von Che Fu / DLT / Angus Mc-Naughton / Kevin Rangihuna (1996),

23. »Dominion Road« von Don McGlashan
    (The Mutton Birds, 1993)

24. »Glad I'm not a Kennedy« von Shona Laing
    (1986)

25. »I hope I never« von Tim Finn (Split Enz, 1979)

26. »Tears« von Fane Flaws / Arthur Baysting
    (Crocodiles, 1980)

27. »Be mine tonight« von Dave Dobbyn / Ian Morris
    (ThDudes, 1978)

28. »I see red« von Tim Finn (Split Enz, 1979)

29. »Beside you« von Dave Dobbyn (1998)

30. »Home again« von Karl Kippenberger / Tom Larkin / Phil Knight / Jon Toogood (Shihad, 1997).

23 mehr als merkwürdige Songtitel von Chris Knox (teilweise gespielt von seiner Band Toy Love)

Der neuseeländische Musiker und Songwriter Chris Knox galt in der Country-Musikszene jahrelang als das Talent schlechthin. Die folgende Aufzählung einiger seiner Songs stellt seinen schrägen und skurrilen Geschmack, was die Texte anbelangt, hinreichend unter Beweis:

1. »Second to Last Song Toy Love Wrote with Ad Lib Lyrics«
   (sinngemäß übersetzt: »Der zweitletzte Song, den Toy Love mit Ad Lib Lyrics geschrieben hat«)

2. »Lament of the Gastropod«
   (sinngemäß übersetzt: »Klagelied des Bauchfüßlers«)

3. »The Worst Noel«
   (sinngemäß übersetzt: »Der schlimmste Weihnachtstag«)

4. »Photographs of Naked Ladies«
   (sinngemäß übersetzt: »Fotos nackter Damen«)

5. »The Green Green Grass of Someone Else's Home«
   (sinngemäß übersetzt: »Der grüne, grüne Rasen meines lieben Nachbarn«)

6. »I Wanna Look Like Darcy Clay«
   (sinngemäß übersetzt: »Ich will so aussehen wie

Darcy Clay«, ein neuseeländischer Sänger und Songwriter)

7. »Fatty Fowl in Gravy Stew«
   (sinngemäß übersetzt: »Fettes Geflügel in Eintopf«)

8. »The Ugly Mire of Deep Held Feelings«
   (sinngemäß übersetzt: »Der hässliche Morast tief versteckter Gefühle«)

9. »Half Man / Half Mole«
   (sinngemäß übersetzt: »Halb Mann / halb Maulwurf«)

10. »(& To Think It All Started With) Trim Milk«
    (sinngemäß übersetzt: »Und zu glauben, dass alles mit fettfreier Milch anfing«)

11. »God Sez ›No!‹ to Cosmetic Surgery«
    (sinngemäß übersetzt: »Gott sagt ›Nein!‹ zu Schönheitsoperationen«)

12. »Tantamount to Treasury«
    (sinngemäß übersetzt: »Gleichbedeutend mit der Staatskasse«)

13. »Self Pity's Just a Name for Feeling Real«
    (sinngemäß übersetzt: »Selbstmitleid ist nur ein anderes Wort für etwas fühlen können«)

14. »Heartbeat Whale Meat«
    (sinngemäß übersetzt: »Herzschlag Walfleisch«)

15. »Michael Hillbilly«
    (sinngemäß übersetzt: »Michael, die Landpomeranze«)

16. »All My Hollowness to You«
(sinngemäß übersetzt: »Meine ganze Blödheit nur für dich«)

17. »Turning Brown & Torn in Two«
(sinngemäß übersetzt: »Verwelken und zerrissen werden«)

18. »Postmodern Deconstructivist Blues«
(sinngemäß übersetzt: »Der postmoderne dekonstruktivistische Blues«)

19. »For All the Walters in the World«
(sinngemäß übersetzt: »Für alle Walters dieser Welt«)

20. »Come in #52 – Your 15 minutes is up«
(sinngemäß übersetzt: »Hereinspaziert, Nr. 52, Ihre 15 Minuten sind vorüber«)

21. »Dunno Much about Life But I Know How to Breathe«
(sinngemäß übersetzt: »Ich weiß nicht viel über das Leben, aber atmen kann ich«)

22. »The Sweaty Hide of Circumstance«
(sinngemäß übersetzt: »Das schweißtreibende sich hinter den Umständen Verschanzen«)

23. »Don't Worry, B Major«
(sinngemäß übersetzt: »Mach dir keine Sorgen, mach dich wichtig!« Aber auch: »Mach dir keine Sorgen, H-Dur«).

Wissenswertes über die Natur Neuseelands

6 extreme Wetterphänomene

▶ Der feuchteste Ort

Milford Sound an der Südwestküste der Südinsel gewinnt diesen Wettbewerb mit absoluter Leichtigkeit. Mit einer jährlichen Niederschlagsmenge von durchschnittlich 7 Metern – genug, um ein Schwimmbecken zu füllen – ist Milford Sound der zweitnasseste Ort weltweit, direkt nach dem bergigen Landesinneren von Tahiti. In Milford regnet es im Mittel an 182 von 365 Tagen, was wohl der Grund dafür ist, dass so viele Besucher felsenfest davon überzeugt sind, dass die phantastischen Aufnahmen des 1692 Meter hohen Mitre Peak, das perfekte Postkartenmotiv, nur mit einer Bildbearbeitungssoftware zustande gekommen sind.

▶ Der regnerischste Ort

Wenn es in den Vorläufern des Main Divide oberhalb von Hokitika an der Westküste regnet, dann tut es das auch. In dieser Gegend wurden die größten

Niederschlagsmengen innerhalb von 12 Stunden (473 Millimeter am 22. Januar 1994), innerhalb von 24 Stunden (682 Millimeter vom 21. bis 22. Januar 1994), innerhalb von 48 Stunden (1049 Millimeter vom 12. bis 13 Dezember 1995), innerhalb eines Kalendermonats (2927 Millimeter im Dezember 1995), eines Kalenderjahres (16617 Millimeter von Januar bis Dezember 1998) und innerhalb von 365 Tagen (18442 Millimeter zwischen 29. Oktober 1997 und 29. Oktober 1998) gemessen.

▶ Der trockenste Ort

Auf der Halbinsel Cape Campbell (Marlborough) im Süden von Blenheim herrscht fast immer Föhn, das heißt, die Feuchtigkeit wird überwiegend von Westwinden über das Hochland in westliche Richtung nach Marlborough geweht. In dem heißen und langen Sommer von 2000/2001 wurden in Cape Campbell folgende Rekordwerte gemessen: die geringste Niederschlagsmenge in drei Monaten (nur 9 mm) und in sechs Monaten (52 mm, was in etwa einem halben Glas Wasser entspricht). Jeder, der sein Trinkwasser aus den großen Regenwassertanks bezieht, muss in diesem Jahr mächtigen Durst gehabt haben. Den absoluten Rekord hält jedoch Alexandra mitten in Central Otago. Dort fielen zwischen dem 29. Oktober 1997 und dem 29. Oktober 1998 nur 167 Millimeter Niederschlag.

► Die höchsten Temperaturen

Am 7. Februar 1973 wurden auf der Nordinsel, in dem kleinen Städtchen Ruatoria an der Südküste des East Cape drückend heiße 39,2° C gemessen. Nicht weit davon, nur die Straße hinunter und über den Strait, schmachteten die Einwohner von Rangiora und Jordan (mitten in der ausgetrockneten Region von Marlborough, aber ihrem Namensvetter im Nahen Osten alle Ehre machend) am selben Tag sogar bei 42,4° C.

► Die niedrigsten Temperaturen

Die Skihasen, die sich in Chateau Tongariro zu Füßen des Mount Ruapehu tummelten, trauten wohl ihren Augen nicht, als sie am 7. Juli 1937 einen Blick auf das Thermometer warfen: minus 13,6° C und damit der wohl absolute Härtetest für ihre Fäustlinge. Doch in Ophir, wo es je nach Jahreszeit entweder zu kalt oder zu heiß ist, herrschten am 3. Juli 1995 wahrlich arktische Temperaturen: minus 21,6° C.

► Der sonnigste Ort

Für Napier an der Nordküste war 1994 das Jahr mit den meisten Sonnentagen: Insgesamt schien die Sonne dort 2588 Stunden. Doch selbst dieser Rekord reichte nicht aus, um den Rivalen Nelson zu schlagen, wo die Sonne 1931 ganze 2711 Stunden schien.

7 berühmte Tiere

▶ Shrek

Shrek war ein Merinoschaf, das für seine schier unglaubliche Haarpracht bekannt wurde, was daran lag, dass es sich mehrmals hintereinander erfolgreich vor der alljährlichen Schur gedrückt hatte. Als man Shrek letztlich aufstöberte – er hatte sich in Höhlen ganz in der Nähe seiner Farm versteckt –, wog sein Vlies über 25 Kilogramm (üblich sind etwa 5 Kilogramm). Die daraus gesponnene Wolle hätte für 20 Herrenanzüge gereicht. Shrek starb 2011.

▶ Humphrey

Humphrey war ein beliebter und bekannter Seeelefant, der es liebte, sich so oft es ging, an den Stränden, Flüssen und sogar auf dem Ackerland vor der Küste der Nordinsel blicken zu lassen. Mitte der 1980er Jahre lockte Humphrey, den man mit seinen rund 3 Tonnen Lebendgewicht wahrlich nicht übersehen konnte, Tausende von Zuschauer an. Noch heute erinnert eine Statue in Katikati an seine Landausflüge.

▶ Pelorus Jack

Pelorus Jack war ein Rundkopfdelfin, der sich einen Spaß daraus machte, Schiffe zu begleiten, die durch die Cook Strait, die Meerenge zwischen der Nord-

und der Südinsel, fuhren. Von 1888 bis 1912 schwamm Pelorus Jack – der seinen Namen aus dem Grund erhielt, weil er die Schiffe am Zugang zu Pelorus Sound, einem versunkenen Tal, abholte. Am Sound und French Pass schwamm er ganz nah an die Schiffe heran und ritt sogar auf deren Bugwelle. Die Regierung Neuseelands erließ ein Gesetz zum Schutz dieses Delfins, der damit zum ersten seiner Art wurde, der kraft Gesetzes unter Schutz stand.

▶ Old Blue

Die Guatemaldrossel (auch der Catham-Schnäpper) zählt zu den bedrohten Tierarten und ist auf den Chatham Islands an der Ostküste Neuseelands beheimatet. 1980 hatten nur noch fünf Exemplare überlebt, darunter ein zeugungsfähiges Weibchen, das den Namen Old Blue erhielt. Der Plan, diese Tierart vor dem Aussterben zu retten, sah vor, Old Blue jedes Jahr ihr erstes Gelege wegzunehmen – und das Gleiche dann bei allen weiblichen Vögeln, die daraus geschlüpft waren, zu tun – und in die Nester anderer Vogelarten zu geben. Dahinter steckte die Vorstellung, dass die anderen Gattungen diese »Kuckuckseier« ausbrüten und die Jungvögel dann großziehen, während Old Blue – ihres Geleges beraubt – ein zweites Mal Eier legen und sich ihrerseits um ihre Brut kümmern sollte. Der Plan ging auf, denn der Catham-Schnäpper zählt zwar noch immer zu den bedrohten Tierarten, aber es gibt immerhin schon wieder an die 200 Exemplare davon.

▶ Opo

Opo war ein Großer Tümmler, der in ganz Neuseeland bekannt war, weil er sich im Sommer 1955/1956 vor der Kleinstadt Opononi auf der Insel in Strandnähe mit den Schwimmern vergnügte. Jeden Tag ließ sich Opo in der Bucht blicken, tollte mit den Badegästen im Wasser herum und vollführte Tricks. Als Opo starb, wurde er nach einem besonderen Ritual der Māori bestattet und gleich neben dem Rathaus begraben.

▶ Kuh Nummer 569

Während eines schweren Unwetters 2004 wurde die Farmerin Kim Riley zusammen mit über 300 ihrer Kühe, die sie vor den Wasserfluten hatte retten wollen, in den reißenden Fluß Manawatu auf der Nordinsel gerissen. Nach etwa einer halben Stunde, in der sie im tosenden Wasser um ihr Leben kämpfte, nahte die Rettung, als eine Kuh – Nummer 569, eine neunjährige friesische Kuh – an ihr vorbeischwomm. Kim hielt sich an ihr fest und gemeinsam erreichten sie das rettende Ufer.

▶ Happy Feet

Dieser Kaiserpinguin, der seinen Namen nach dem Film »Happy Feet« erhielt, wurde 2011 am Strand in der Nähe von Wellington gefunden – über 3000 Kilometer von seiner Heimat, der Antarktis, entfernt. Er war dabei beobachtet worden, wie er Sand fraß, den er wohl für Schnee hielt und der Pinguine vor dem Austrocknen schützt. Offensichtlich war ihm das nicht gut bekommen. Tierärzte des örtlichen Zoos operierten Happy Feet schließlich und holten mehr als 3 Kilogramm Sand aus seinem Magen. Nach einer wochenlangen Erholungsphase im Zoo, wo er unter anderem mit Fisch-Shakes ernährt wurde, nahm ihn schließlich ein Schiff an Bord und setzte ihn viele Hundert Kilometer südlich von Neuseeland in der Hoffnung aus, dass er auf sich selbst gestellt den Weg zurück ins ewige Eis finden würde.

8 neuseeländische Vogelarten, die im vergangenen Jahrhundert ausstarben

Seit sich die ersten Menschen in Neuseeland niederließen, sind sechzig Vogelarten – die es nur in Neuseeland gab! – ausgestorben. Da es dort keine Raubtiere gab, für die Vögel auf der Speisekarte standen, entwickelten sich viele von ihnen zu fluguntüchtigen und bodennistigen Vögeln. Die ersten Siedler hatten teils unwissentlich Raubtiere wie Ratten und Herme- line im Gepäck und gingen selbst gerne auf die Jagd, was sich katastrophal auf die natürlichen Lebens- räume dieser Vögel auswirkte. Viele Vogelarten sind seit Menschengedenken ausgerottet. Die traurige Wahrheit lautet, dass sie wohl für immer und ewig ausgestorben sind, auch wenn manche Phantasten die Hoffnung nicht aufgeben, dass eine oder zwei der im Folgenden aufgelisteten Gattungen doch noch am Ende der Welt entdeckt werden.

▶ Die Nordinseltakahe *(Porphyrio hochstetteri)*
Anders als die auf der Südinsel lebende *Porphyrio mantelli*, die schon zu den ausgestorbenen Tiergat- tungen gezählt hatte, bevor man sie 1948 in einem abgeschiedenen Teil von Fiordland wiederentdeckte, wurde die auf der Nordinsel beheimatete Takahe seit 1900 nicht mehr gesehen.

▶ Chathamralle *(Gallirallus modetus)*
Die zu den Kranichvögeln zählende Gattung wurde erst Anfang der 1870er Jahre entdeckt und bereits 1900 für ausgestorben erklärt. Nur noch im Museum können ein paar Exemplare davon bewundert wer- den. Die Chathamralle wurde auf mindestens drei der zur Chatham-Gruppe zählenden Inseln gesehen. Sie war in etwa so groß wie eine Amsel und hatte einen langen Schnabel.

► Chatham Farnsteiger *(Bowdleria rufescens)*

Diese Vogelgattung war nur in Mangere und auf den Pitt Islands der Chatham-Inseln beheimatet. Das letzte Exemplar wurde 1900 von einem Vogelsammler getötet.

► Zaunkönige *(Xenicus longipes, Xenicus longipes variabilis* und *Traversia lylli)*

Der auf der Nordinsel beheimatete, zu den Zaunkönigen zählende Neuseelandschlüpfer oder *Xenicus longipes* wurde zuletzt 1955 in Stead gesichtet. Ratten hatten ganze Arbeit geleistet und sämtliche Populationen auf Stewart Island ausgelöscht. Der auf der Südinsel vorkommende Neuseelandschlüpfer verschwand 1972. Eine weitere Art, der auf Stephens Island beheimatete *Traversia lylli*, war der kleinste Vogel der Welt und der einzige flugunfähige Singvogel. Er starb 1964 aus, als die Katze eines Leuchtturmwärters den letzten seiner Art verspeiste.

► Lappenhopf *(Heteralocha acutirostris)*

Vermutlich lag es an der Schönheit dieses Vogels und dem einzigartigen und bemerkenswerten Unterschied der Schnäbel von männlichen und weiblichen Exemplaren, dass er bei den Menschen als Sammelobjekt so beliebt war. Letztlich war es die große Nachfrage nach seinen Schwanzfedern, die überall auf der Welt in Mode gekommen waren, die den Vogel 1907 zum Aussterben verurteilte.

▶ Lappenkrähe / Südinsel-Kokako
  (Callaeas cinerea cinerea)

Die auf der Nordinsel beheimatete Lappenkrähe glich der auf der Südinsel vorkommenden bis auf die Kehllappen, die gelb oder orangefarben waren und nicht blau wie bei den Kollegen aus dem Süden, die sowohl auf der Hauptinsel als auch auf Stewart Island zu Hause waren und nun seit den 1960er Jahren von beiden Inseln verschwunden sind. Insgeheim erhoffen sich Forscher, dass noch ein paar kleinere Restpopulationen überlebt haben, aber kürzlich gestartete Suchaktionen auf Stewart Island, im Granville State Forest, in Teilen des riesigen Waldgebiets Grey Valley an der Westküste und weiter nördlich im Paparoa Range in der Nähe von Charleston verliefen ergebnislos.

▶ Nordinsel-Piopio *(Turnagra turnagra)*
  und Südinsel-Piopio *(Turnagra capensis)*

Der auch unter dem Namen Neuseelanddrossel bekannte Piopio, der aber eher mit den Pirolen verwandt ist, war, schenkt man Sir Walter Buller Glauben, der beste Singvogel Neuseelands. Die auf der Nordinsel beheimatete Vogelgattung wurde zuletzt 1949 in Te Aurora, Wanganui, gesichtet. Der Südinsel-Piopio starb wohl schon zwei Jahre früher aus, da er seit 1947 nicht mehr am Lake Hauroko und in Caswell Sound gesehen wurde.

▶ Whekau (Lachkauz, *Sceloglaux albifacies*)
Farblich gesehen weist dieser Vogel große Ähnlichkeit mit dem Kuckuckskauz auf, doch er ist größer und hat ein weißes Gesicht. Der Lachkauz war etwa bis Mitte des 19. Jahrhunderts in ganz Neuseeland vertreten. 1914 wurde er für ausgestorben erklärt, doch es tauchen immer wieder Berichte auf, dass er gesehen oder gehört wurde.

Giftige Pflanzen- und Tierarten

Sie können aufatmen: Es gibt nur 8 giftige Pflanzenarten in Neuseeland, und die Zahl der giftigen Tierarten ist noch geringer: 1.

▶ Rote Katipo (*Latrodectus katipo*)
Das einzige für den Menschen potentiell tödliche Tier Neuseelands ist die Katipo, eine Spinne, die zu den »Echten Witwen« zählt und mit der nordamerikanischen Schwarzen und der australischen Schwarzen Witwe verwandt ist. Katipos kommen relativ selten vor, da ihre Entwicklung stark eingeschränkt ist, weil sie bevorzugt in Dünenlandschaften in Strandnähe leben. Die Katipo beißt nur, wenn sie keinen

anderen Ausweg aus einer für sie bedrohlichen Situation sieht. In diesem Fall sollte man einen Arzt aufsuchen und sich das Red-Backed Spider Antivenom, ein speziell für Bisse dieser Spinne entwickeltes Immunserum, verabreichen lassen. Die gute Nachricht lautet: Bislang gibt es nur eine Handvoll Todesopfer, die am Biss einer roten Katipo gestorben sind.

▶ Karaka-Baum (*Corynocarpus laevigatus*)
Die attraktiven orangefarbenen Früchte des zu den Keulenfruchtgewächsen zählenden Baums gelten als giftig. Das ist jedoch nicht weiter tragisch, denn das Fruchtfleisch kann bedenkenlos roh verzehrt werden. Der Kern des Samens, die »Karaka-Nuss«, ist zwar sehr giftig, er wird aber von den Māori in mehreren Schritten bearbeitet (gegart) und kann danach als Mehl zum Backen von Brot verwendet werden. Der Baum wächst vor allem in den wärmeren Gegenden Neuseelands, also den Küstengebieten, auf jeden Fall nur südlich der Banks-Halbinsel.

▶ Kowhai-Baum
   (*Sophora microphylla* und *S. tetraptera*)
Die gelben Samen sind hochgiftig, aber nur wenn sie vor dem Verzehr zerstoßen oder gemahlen werden. Anderenfalls passieren sie den menschlichen Verdauungstrakt völlig unversehrt und zeigen nicht die geringste schädliche Wirkung.

▶ Ngaio oder Mauslochbaum (*Myoporum*)

Diese hochgiftigen Bäume wachsen in der Nähe des Meers, entweder als Wildwuchs oder von Menschenhand angebaut. Eindeutiges Kennzeichen sind die zahlreichen hellen Blattflecken, die am besten zu sehen sind, wenn das Blatt gegen das Licht gehalten wird, und die lilafarbenen Beeren. Sowohl der einheimische Ngaio (*M. laetum*) als auch der australische Ngaio (*M. insulare*) sind extrem giftig.

▶ Poroporo
  (*Solanum laciniatum* oder *Solanum aviculare*)

Die grünlichen oder gelben Beeren sollten nicht verzehrt werden, die frischen, noch orangefarbenen Früchte dagegen sind nur selten und nach dem Kochen garantiert nicht giftig. Die beiden Gattungen des Poroporo sind sich zum Verwechseln ähnlich und können nur anhand ihrer Blüten unterschieden werden. Aus praktischen Gründen empfiehlt es sich, auf diese Unterscheidung zu verzichten.

▶ Tītoki (*Alectryon excelsus*)

Die schwarzen runden Samen sitzen in einem scharlachroten Kelch – und begeistern mit ihrer prächtigen Farbkombination. Die Bäume wachsen vor allem in der Nähe von Auckland und nördlich davon. Weshalb wird Tītoki hier überhaupt erwähnt? Wegen seiner hübsch anzusehenden Früchte und weil sich die Experten uneinig sind, ob sie nun giftig sind oder nicht. Vom Genuss ist vorsichtshalber abraten, da viele Mitglieder der Seifenrindenbaumfamilie zweifelsfrei giftig sind.

▶ Turutu (*Dianella nigra*)

Diese in Neuseeland beheimatete Pflanze gehörte zur Flachsfamilie, ihre wunderschönen violetten Pflanzen gelten allerdings als giftig. Die australische Spezies wird in Neuseeland vor allem um Auckland gezüchtet, doch auch ihre Früchte sind nicht zum Verzehr geeignet. Turutu kommen vor allem auf der Nordinsel und im Westen und Süden der Südinsel vor.

▶ Tutu (*Coriaria*)

Alle zu den Gerbersträuchern zählenden Pflanzen sind giftig. Dies gilt auch für die fleischigen schwarzen Beeren, genauer gesagt die darin enthaltenen Samen. Die Sträucher wachsen im Unterholz, am Rande des Buschs und oft auch auf von Menschen angelegten Plantagen. Die üblicherweise in Niederungen vorkommende Spezies trägt die lateinische Bezeichnung *Coriaria arborea*, ihre kleinere, in den Bergen wachsende Schwester *Coriaria sarmentosa*.

10 erst kürzlich entdeckte giftige oder bedrohliche Spezies

▶ 1. *Didymo geminata*

Diese unter dem bezeichnenden Spitznamen »Felsenrotz« bekannte, extrem invasive Alge wurde zum ersten Mal 2004 auf der Südinsel entdeckt. Aller Wahrscheinlichkeit nach hat sie aber schon eine ganze Weile vorher das getan, was sie am besten kann – alles, was sich nicht vor ihr retten kann, mit einer bräunlich-gelben, schleimig aussehenden Schicht zu bedecken und das zu produzieren, was für das ungeübte Auge aussieht wie Toilettenpapier, das träge der Flussströmung ausgesetzt ist. Ursprünglich in Nordamerika und Nordeuropa beheimatet, hat die Didymo seit den 1980er Jahren ihren Siegeszug über fast die ganze Welt angetreten, und sich dank vieler Angler über Bäche und Flüsse, in denen es Forellen gibt, weit über ihren natürlichen Lebensraum hinaus ausgebreitet. Didymo liefert sich mit der einheimischen Flora einen erbitterten Kampf um Sauerstoff und Nährstoffe und zerstört so jedes Ökosystem, in dem sie sich ausbreitet. Als Einzeller braucht sie nur einen einzigen Tropfen Wasser, der an den Watstiefeln, der Angelrolle oder den noch feuchten »Zipfelzwickern« – knapp sitzenden Männerbadehosen –, um von einem verseuchten Wasserweg in ein noch sauberes Gewässer zu gelangen und ihren zerstörerischen Siegeszug anzutreten.

▶ 2. Varroa-Milbe (*Varroa destructor*)

Ihr Name ist Programm: Diese winzige rundliche (ein ausgewachsenes Weibchen wird höchstens 2 Millimeter lang) Milbe befällt vor allem Honigbienen und kann unbehandelt ganze Bienenstöcke vernichten. Dieses Krabbeltier gehört nicht nur wegen seiner acht Beine zu den Spinnentieren, sondern auch, weil es ähnliche Fressgewohnheiten hat. Sie schraubt sich durch den Brustpanzer einer erwachsenen Biene, durchbohrt ihr Außenskelett und verabreicht ihr eine gute Dosis Verdauungssäfte. Nach kurzer Zeit saugt sie diesen Saft wieder auf, was die Biene schwächt und letztendlich tötet. Doch auch für den Bienenstock ist diese Milbe eine tödliche Gefahr, da das Milbenweibchen in die Waben eindringt, in denen die verpuppten Bienenlarven heranwachsen, und dort ihre Eier ablegt. Die Babymilbe verspeist genüsslich die Bienenlarve, um sich anschließend wieder eine erwachsene Biene als Opfer zu suchen, wodurch sich der Kreis gewissermaßen schließt. Die Varroa-Milbe war ursprünglich in asiatischen Ländern beheimatet, und noch ist nicht restlos geklärt, auf welchem Weg der Parasit nach Europa kam. Da sich die Milbe nur über ausgewachsene Bienen von einem Bienenstock zum anderen – auch über größere Distanzen – verbreiten kann, und die Einfuhr von Honigbienen nach Neuseeland seit den 1960er Jahren verboten ist, ist es ein völliges Rätsel, wie sie sich dort verbreiten konnte. Entweder hat ein besonders zähes Exemplar einer Honigbiene die Schiffsreise im Container oder einem Importfahrzeug überlebt, oder ein Bienenvolk wurde illegalerweise importiert. Dieses Geheimnis wird man wohl nicht mehr lüften können. Bis zum heutigen Tag hat die Varroa-Milbe den größten Teil der Nordinsel erobert und macht sich nun auch in der Nähe von Nelson auf der Südinsel breit. Wird dieser Schädling nicht wirkungsvoll bekämpft, besteht die Gefahr, dass die einheimischen Bienenvölker Neuseelands stark dezimiert werden, worunter der Garten- und Landschaftsbau – aber auch der Wein- und Obstbau – erheblich leiden würden.

▶ 3. *Styela clava* (Ostasiatische Seescheide)

Was sitzt auf einem langen, dünnen Stiel, hat Warzen und wird bis zu 16 Zentimeter lang? Richtig, die Seescheide, auch unter dem Namen *Styela clava* oder Manteltier bekannt. Diese ziemlich eklige, an der Pazifikküste Asiens beheimatete Manteltier wurde erstmals am Hauraki-Golf während einer Routineanalyse der kalkabsondernden Meerestiere, die 2005 in den größeren Häfen Neuseelands durchgeführt wurde, beobachtet. An diesem Tag wurde die Zukunft der neuseeländischen Aquakultur zu Grabe getragen. Die Seescheide legt mit bis zu 1500 Artgenossen pro Quadratmeter eine ähnliche Bevölkerungsdichte an den Tag, wie sie in den überbevölkerten Großstädten Asiens zu beobachten ist. Sie bevorzugt geschützte Wasserstraßen, wo sie Felsen, aber auch Anlegestellen, Holzpfähle, Bojen, Taue und sogar die Rümpfe selten benutzter Schiffe überkrustet. Die nimmersatte Seescheide ist in Sachen Nährstoffe, die im Wasser vorkommen, eine ernstzunehmende Konkurrenz für die restlichen Wasserbewohner und hat auch in Sachen Fortpflanzung die Nase vorn: In ihrer fruchtbarsten Phase sorgt sie alle 24 Stunden für Nachwuchs. Für sie ist es ein Kinderspiel, einheimische oder in Kulturen gehaltene Arten zu verdrängen. Auch in Sachen Verbreitung ist sie sehr anspruchslos – sie braucht nur ein paar Liter Ballastwasser, in denen Larven in unterschiedlichen Reifestadien enthalten sind. Bis jetzt kommt sie in Teilen von Northland, in Lyttleton, in Nelson und Picton vor, dem Herz der neuseeländischen Meereswirtschaft.

▶ *4. Trichoglossus haemadotus moluccanus*
(Keilschwanzlori)

Die Straße zur Hölle der Artenvielfalt ist gepflastert mit irrigen Absichten. Wie viele Arten sind allein deshalb ausgestorben, weil der Mensch Exoten in sensible Ökosysteme gebracht hat, und diese Entscheidung auf nichts weiter basierte als ästhetischen Überlegungen? Die weite Verbreitung giftiger Pflanzen ist darauf zurückzuführen, dass ein Hobbygärtner sie aufgrund ihrer Schönheit unbedingt im eigenen Garten haben wollte. Auch bei Schädlingen ist es nicht anders, sie wurden ins Land gebracht, weil irgendjemand gedacht hatte, sie würden sich in seiner Heimat gut machen. Der Keilschwanzlori ist ein ausnehmend hübscher Vogel, ein farbenprächtiger gefiederter Genosse mit einer seltsam heiseren Stimme, dessen Wildheit typisch für die Familie der Papageien ist. Der in Australien beheimatete Vogel sieht in der Wildnis phantastisch aus – nicht anders dachte wohl auch eine fanatische Gruppe von Papageienfans, die sich flugs dran machten, ein paar Exemplare an der Nordküste Aucklands auszusetzen, weil sie die Hoffnung hegten, sie würden sich fortpflanzen und dem eher farblosen Busch ein paar hübsche Farbtupfer verpassen. Ihr Plan ging auf, doch jetzt stellen die Papageien eine weitere Bedrohung für die einheimischen Vögel dar, die sich seit Jahrhunderten gegen ihre exotischen Konkurrenz und ins Land gebrachte Beutetiere durchsetzen müssen und deren Lebensraum auf diese Weise immer kleiner wird.

▶ 5. *Hydrilla verticillata* (Grundnessel)
Die auch unter dem Namen Wasserblatt-Wasserpest bekannte und bei Aquarienfreunden sehr beliebte Wasserpflanze wurde in den Wasserstraßen der Hawkes Bay entdeckt, was Anlass zur Sorge gibt, da

sie sich ohne Weiteres von See zu See weiterverbrei-
ten kann, vor allem durch Fischer, deren Außenbord-
motoren die Pflanze in Unmengen winziger Teile zer-
hacken, aus denen sich neue Pflanzen bilden können.
Der Stamm einer Hydrilla reicht vom Grund eines
Sees bis zur Wasseroberfläche (bis 9 Meter Länge),
ihre Blätter sind radial angeordnet, so dass sie aussieht wie eine schleimige grüne Flaschenbürste. Am
Wurzelstock entstehen Knollen, die lange Zeit überdauern können. Die Hydrilla wächst in so dichten
Kolonien, dass kein Blatt mehr dazwischen passt,
und sie zerstört das empfindsame Gleichgewicht der
Ökosysteme unter Wasser, da sie dem Wasser Nährstoffe und Sauerstoff entzieht. Schlimmer noch ist,
dass sie auch mit leicht brackigem Wasser fertig wird,
so dass sie eine ernste Gefahr für fast alle Wasserwege
darstellt.

▶ 6. *Linepthima humile* (Argentinische Ameise)
In ihrer ursprünglichen Heimat Südamerika bereiten
diese Krabbeltiere im Grunde genommen keine Probleme. Doch außerhalb ihres natürlichen Lebens-
raums in Argentinien greifen sie alle anderen Amei-
senarten an und kennen kein Pardon. Sie machen
sogar vor allen anderen Insekten – bis auf Blatt- und
Schildläuse – keinen Halt. Diese Läuse sind für diese
Ameisen das, was für uns die Milchkuh ist. Zum ersten Mal wurden sie 1990 in Auckland entdeckt, aber

zu dieser Zeit hatten sie sich schon ziemlich weit verbreitet. Vermutlich sind sie im Container nach Neuseeland gekommen. Für den Laien sehen Ameisen alle gleich aus (obwohl die Mehrheit der in Neuseeland beheimateten Spezies schwarz ist, im Gegensatz zur braunen Argentinischen Ameise). Und woher können Sie wissen, dass gerade eine Argentinische Ameise über Ihre Hand krabbelt? Sie sind ziemlich schnell und geschäftig, und haben sofort einen Plan, wie sie mit einem Hindernis umgehen, das sich ihnen in den Weg stellt, während andere Ameisen in derselben Situation erst mal ins Grübeln kommen. Sie wissen es immer noch nicht? Gut, dann bleibt nur der Zerquetsch- und Schnüffeltest. Eine andere braune Ameisenspezies, eine Drüsenameise, gibt den starken süßlichen Geruch von Ameisensäure von sich, wenn sie zerquetscht wird, die Argentinische Ameise aber nicht. Interessanterweise fällt es Frauen viel leichter, diese Unterscheidung anhand des Geruchs zu treffen, als Männern.

▶ *7. Eichhornia crassipes*
  (dickstielige Wasserhyazinthe)

Diese Wasserhyazinthe mit ihren wunderschönen lilafarbenen Blüten mit leuchtend gelb-blauem Ornament hat den Anfang ihrer Karriere damit zugebracht, sich träge im Amazonasbecken zu wiegen. Doch mit dieser Gemütlichkeit war es in dem Moment vorbei, als sie einem Botaniker ins Auge stach und sie Anfang des letzten Jahrhunderts in die ganze Welt verbreitet wurde – also auch nach Neuseeland. Kurz: ein einziger Albtraum. Die schwimmende Pflanze wuchert ohne Fressfeinde nahezu ungebremst und bildet eine dicke glänzende und schwammige Decke und zerstört alles Leben in Teichen, Seen und Flussbecken, da sie dem Wasser Licht, Sauerstoff und Nährstoffe entzieht. Sie ist ohne Weiteres in der Lage, das ökologische Gleichgewicht ihrer Umgebung völlig zu zerstören. Die Ranken bilden in nur zwei Wochen einen dichten Teppich, weshalb sie es auf die Liste der weltweit schlimmsten 100 Unkrautarten geschafft hat. Die Projekte in öffentlichen Wasserwegen zu ihrer Vernichtung, beispielsweise mit Käfern, verlaufen vielversprechend, doch zusammengenommen würde dieses Teufelszeug aus privaten Gärten ganz Neuseeland bedecken.

▶ 8. *Orgiya thyellina Butler*

Als Mitte 1996 angekündigt wurde, dass eine DC3 in eine gigantische Sprühdose umgebaut werden sollte, um die wohlhabenden, im Osten gelegenen Vorstädte von Auckland mit einer täglichen Dosis Unkrautvernichtungsmittel aus der Luft zu »beglücken«, regte sich heftiger Widerstand. Schließlich setzte sich auch in der Landwirtschaft ein eher ganzheitlicher Ansatz durch, Bioprodukte waren im Kommen, und die wissenschaftlichen Theorien, die diese Art der Schädlingsbekämpfung als Allheilmittel anpriesen, gerieten mehr und mehr in Verruf. Die Regierung tat diese Bewegung jedoch als Protest zart besaiteter Gemüter ab, und die »Operation Evergreen«, die der White-Spotted Tussock Moth (eine weißgefleckte Trägerspinne) den Garaus bereiten sollte, wurde planmäßig gestartet. Dieser nahe Verwandte des Asiatischen Schwammspinners wurde im April 1996 auf Obstbäumen in Auckland gesichtet. Die ursprünglich in Asien beheimatete Gefahr, die diese riesige, haarige und stets hungrige Raupe für den Wein- und Obstbau darstellt, war hinlänglich bekannt. Anhand von Tests konnte nachgewiesen werden, dass die Raupe nicht gerade wählerisch scheint, wenn es ums Fressen geht. Hat sie alle Apfelbäume und Weinstöcke mehr oder weniger kahlgefressen, nimmt sie sich gerne den neuseeländischen Busch vor – mit verheerenden Folgen. Da sie sich zahlreich vermehrt, gingen die Experten davon aus, dass sie sich von Auckland aus in weniger als zehn Jahren in ganz Neuseeland verbreiten würde. Die »Operation Evergreen« setzte auf das Prinzip »Jetzt oder nie«. Pheromonfallen, die nach der Sprühattacke aufgestellt wurden – hier werden ähnliche Duftstoffe eingesetzt, wie es auch die weiblichen Motten tun, um das Männchen anzulocken, mit dem Unterschied, dass der Anflug auf einem Klebestreifen endet – scheinen darauf hinzudeuten, dass die Vernichtung erfolgreich war. Ob dieser Erfolg von Dauer ist, bleibt abzuwarten …

▶ 9. *Homeria collina*

Wie die meisten Unkrautarten ist auch die sogenannte Cape Tulip (Kaptulpe) ein echter Hingucker. Sie gehört zur Familie der Schwertlilien und bildet eine äußerst hübsche lilafarbene Blüte, die auf einem langen Stiel sitzt, und nur ein einziges längliches Blatt hat. Sie wird wohl einzig und allein aufgrund ihres Aussehens in Gärten überall auf der Welt gepflanzt – und auch die neuseeländischen Gärtner bilden hier keine Ausnahme. Doch seit den 1950er Jahren darf diese Pflanze von uns Kiwis weder importiert noch kultiviert werden. Das Problem ist nämlich, dass sowohl Knolle, Stängel, Blatt und Blüte hochgiftig sind und nach dem Verzehr zu Erbrechen und Durchfall, Lähmungserscheinungen und letztlich Organversagen führen. Außerdem widersetzt sie sich erfolgreich sämtlichen Versuchen, ihr ungebremstes Wachstum zu verhindern. Ihre Samen können problemlos acht Jahre im Erdreich überdauern, und aus nur einer Pflanze wird im Laufe der Zeit ein dichter Urwald. Das ist vor allem in Canterbury zu einem riesigen Problem geworden, da sie ihren Weg auf die Weiden gefunden hat und auch gerne von dem dort grasenden Vieh verspeist wird.

▶ 10. *Latrodectus hasselti*

Es lässt sich kaum mehr sagen, wann sich dieser widerliche kleine Aussie zum ersten Mal für seinen schüchternen und sehr zurückhaltenden neuseeländischen Cousin, den *Latrodectus katipo* oder einfach nur Katipo, interessiert hat. Gut möglich, dass die Rotrückenspinne schon seit Menschengedenken in Neuseeland zu Hause ist. Denkbar wäre aber auch, dass dieser Eigenbrötler auf Treibgut die Tasmansee überwunden hat und sich dann in Neuseeland fortgepflanzt oder sogar mit einheimischen Spinnenarten gekreuzt hat. Die Rotrückenspinne sieht der Katipo zum Verwechseln ähnlich: schwarz mit einem eindeutig abgesetzten roten Streifen über ihrem etwa erbsengroßen Hinterleib. Man muss schon genau hinsehen, wenn man den Unterschied zwischen der in Neuseeland beheimateten Katipo und der exotischen Rotrückenspinne erkennen will. Beide sind eng mit der Amerikanischen Schwarzen Witwe verwandt und setzen das gleiche Gift gegen ihre Feinde ein. Der Biss dieser drei Spinnenarten nimmt nur selten einen tödlichen Verlauf, doch es gibt einzelne Berichte über Todesfälle infolge eines Katipobisses, die vor langer Zeit aufgetreten sind. Zusätzlich zu den üblichen Symptomen – Schmerzen und muskuläre Verspannungen in Bissnähe, Unterleibskrämpfe, Fieber und Schüttelkrämpfe – war in der 1966er Ausgabe der *New Zealand Encyclopaedia* verschämt von

»anderen Folgen« des Bisses dieser Spinnenart die Rede. Zwischen den Zeilen wurde nämlich auf Priapismus angespielt, eine durch chemische Botenstoffe ausgelöste Dauererektion, die so schnell nicht wieder weggeht. Die Katipo bevorzugt die Küstenregionen und versteckt sich, wenn unachtsame Strandgänger in ihr Revier eindringen, während die Rotrückenspinne weiter verbreitet ist und die Wahrscheinlichkeit gleich hoch ist, dass sie sich unter einen Toilettensitz verkriecht oder in den Dünen anzutreffen ist.

10 gefährliche Strände

Die Strände Neuseelands – vor allem an der Westküste, die Wind und Wetter aus der Tasmansee ausgesetzt ist – sind für ihre wilde Brandung und heimtückischen Strömungen bekannt. An den folgenden Stränden gab es die meisten Einsätze der Wasserwacht, um Menschenleben zu retten:

- Piha
- Muriwai
- Mount Maunganui
- Whangamata
- Raglan
- Bethells Beach
- Mangawhai Heads

- North Piha
- Papamoa
- Kariaotahi.

6 außergewöhnliche Fakten über den Kiwi

Das nationale Symbol für Neuseeland ist der Kiwi, den es nur dort gibt und der auch wegen seiner einmaligen Merkmale bekannt ist:

1. Die meisten Kiwis sind nachtaktiv.
2. Sie sind flugunfähig und nisten in Höhlen im Erdreich.
3. Ihr Federkleid ähnelt von der Struktur her mehr Haar als Federn.
4. Sie sind die einzigen Vögel, deren Nasenlöcher am Ende des Schnabels sitzen. (Ihr Geruchssinn ist außerordentlich gut: Ein paar Partikel aus einer Million Duftstoffen reichen aus, damit ihr Geruchssinn anschlägt.)
5. Im Verhältnis zu ihrer Körpergröße legen sie die größten Eier. Im Durchschnitt beträgt das Gewicht eines Eis 20 Prozent des Körpergewichts der Henne.
6. Kiwis gehen eine lebenslange Bindung mit ihrem Partner ein.

Traurigerweise zählen alle fünf Kiwiarten zu den bedrohten Spezies. Kiwis gibt es außerhalb Neuseelands nur in Zoos, darunter auch drei deutsche – im Berliner Zoo, im Frankfurter Zoo und im Weltvogelpark Walsrode.

15 unterschiedliche Verwendungsmöglichkeiten für Torfmoos

Das nennen wir mal eine genügsame Pflanze! Einer der Exportschlager Neuseelands, Sphagnum oder Torfmoos wird meistens als Wildwuchs an der Westküste der Südinsel geerntet. Nach der Trocknung beeindruckt es durch seine unglaubliche Fähigkeit, Flüssigkeit aufzunehmen, bis zum 16-fachen seines ursprünglichen Volumens. Außerdem erhält es geringe Mengen Teer, das für seine antiseptische und konservierende Wirkung bekannt ist. Torfmoos wird eingesetzt:

- als Mulch im Obstbau
- zum Herstellen von Wund- und chirurgischen Verbänden
- als flüssigkeitsabsorbierende Einlage von Einwegwindeln und Damenbinden
- als Kohlenstoffspeicher
- zum Erzeugen von Alkohol
- als Indikator des Klimawechsels

- als Heuersatz für Terrarien und Mäusekäfige
- als Verpackungsmittel für Obst und vieles mehr
- als Verpackungsmaterial von Rosen und Wurzelballen als Austrocknungsschutz beim Transport
- zur Fertigung von Pflanzenampeln
- zur Bodenverbesserung
- als Polsterung bei Möbeln
- als Dämmmaterial
- zur Behandlung von Ekzemen und Schuppenflechte
- als Insektenschutzmittel.

10 essbare Wildpflanzen

Gesetzt den Fall, Sie haben sich im neuseeländischen Busch verlaufen und nur noch einen angestaubten Keks bei sich. Kein Grund zur Panik, Sie werden schon nicht verhungern. Viele der in Neuseeland vorkommenden Wildpflanzen sind essbar, zumindest Teile davon. Wichtig ist jedoch zu beachten, dass manche dieser Pflanzen erst auf bestimmte Weise zubereitet werden müssen, damit sie der menschliche Körper verdauen kann oder um ihr Gift zu zerstören, das Ihre Lage anderenfalls noch prekärer machen würde.

Pflanze	Essbarer Teil
Farnkraut	Wurzelstock
Hinau (Baum)	Früchte
Tawa (Baum)	Samen (nicht roh verzehren!)
Kiekie (Schraubenbaumgewächs)	Früchte und Knospendeckblätter
Mamaku / Baumfarn	Stamminnere und junge Wedel (nicht roh verzehren!)
Nikaupalme	junge Blätter
Kohlbaum	junge Blätter und das Stamminnere
Raupo (Rohrkolben)	Pollen und Wurzelstock
Rauriki (Teebaum)	Blätter
Neuseeland-Spinat	Blätter

8 uralte Reptilien

Die ersten Fossilienfunde Neuseelands ereigneten sich 1859 (ein Plesiosaurier), 1869 (ein Mosasaurier) und 1872 (ein Ichthyosaurier). Versteinerte Dinosaurier wurden schließlich 1974 entdeckt und erst fünf Jahre später identifiziert. Anhand von Knochenfragmenten und Wirbeln – äußerst selten wird ein nahezu vollständiges Skelett entdeckt – ist erwiesen, dass Neuseeland einst von zahlreichen Urreptilien bevölkert war, wozu auch Vertreter der folgenden Arten zählen:

· Ankylosaurier – gepanzerte Dinosaurier
· Carnosaurus – fleischfressende Dinosaurier
· Hypsilophodont – pflanzenfressende Dinosaurier
· Sauropoden – riesige Dinosaurier mit einem sehr langen Hals
· Ichthyosaurier – Fischechse
· Mosasaurier – der neuseeländische *Mosasaur rikisaurus* zählt weltweit zu den größten Sauriern
· Plesiosaurier – fleischfressende Meeresreptilien
· Pterosaurier – fliegende Reptilien.

3 Vorschläge, was sich mit einem toten Possum anfangen lässt

Das Australische Possum (*Trichosurus vulpecula*) wurde Anfang des 19. Jahrhunderts nach Neuseeland gebracht, weil man eine Pelzindustrie aufbauen wollte. Doch letztendlich kam es nicht dazu, und da die Beutelratten in Neuseeland keine natürlichen Feinde besaßen, entwickelten sie sich zu einer Plage. Sie fraßen das Laub der Bäume ab, und auf ihrem Speisezettel standen Vogeleier und Jungvögel. Schätzungen zufolge gibt es mittlerweile an die 70 Millionen Possums in Neuseeland. Jahrelang wurden die Tiere zum Abschuss freigegeben oder mit Gift zur Strecke gebracht. Noch heute kostet es Neuseeland viel Zeit und Geld, dieser Plage in den einzigartigen Wäldern Herr zu werden. Was kann man sonst noch mit diesen Beutelratten tun?

▶ Nippelwärmer

Mittlerweile ging der ursprüngliche Plan auf, und eine Reihe von neuseeländischen Unternehmen verarbeitet Possumfelle zu Tagesdecken, Handschuhen, Handtaschen, Hüten und sogar Nippelwärmern. Possumfell gehört mit zu den wärmsten Pelzen überhaupt. Seine Hohlfasern halten einem Vergleich mit denen des Polarbären durchaus stand – wir raten Ihnen jedoch dringend davon ab, mit Letzterem gesehen zu werden.

▶ Eintopf

Keine Frage: Possums können gut und gerne im Kochtopf enden. Jedes Jahr werden in Neuseeland Events wie das Wild Foods Festival in Hokitika veranstaltet, um die Menschen auf den (Possum-)Geschmack zu bringen. Klassiker wie Possumpastete oder andere Gerichte mit appetitanregenden Namen wie Road Kill (»Unfallopfer«), Headlight Delight Pie (»Stoßstangenschmaus«), Guess That Mess (»Rate mal, was das hier ist«) und Shovel-Flipped Roadside Pizza (»Straßenrandpizza«) sind nur einige Beispiele der angebotenen Gaumenfreuden.

▶ Possumeintopf

Man nehme: ein Possum, reichlich Salz, eine in Scheiben geschnittene Zitrone, eine in Würfel geschnittene Zwiebel, ein Zweig Rosmarin, zwei in Ringe geschnittene Zwiebeln, vier abgezogene und in Scheiben geschnittene Tomaten, eine in Würfel geschnittene grüne Paprika, acht entkernte Backpflaumen, Abrieb einer halben Orange, eine halbe, in dünne Scheiben geschnittene Orange, 125 ml Weißwein, ein gehackter Zweig Rosmarin, Salz und Pfeffer. Zerteilen Sie das Possum in Viertel, geben Sie die Fleischstücke in einen Topf und bedecken Sie sie mit kaltem Salzwasser. Über Nacht stehen lassen, dann das Wasser abgießen und das Possum abspülen. Mit Zitrone, Orange, den Zwiebelwürfeln und dem Rosmarinzweig etwa eine Stunde köcheln lassen. Anschließend das Fleisch von den Knochen ablösen, solange das Possum noch heiß ist. Die Knochen entsorgen. Die Zwiebelringe in etwas heißem Öl anbraten und Farbe ziehen lassen, dann die Fleischstücke, Tomaten, Paprika, Backpflaumen, Orangenabrieb, Wein, Rosmarin und Gewürze dazugeben und mit Wasser bedecken. Etwa 1½ Stunden köcheln lassen.

Über Nacht stehen lassen, das kalte Fett am nächsten Morgen abschöpfen. Erwärmen und mit knackigem Salat und Reis servieren.

► Halter für die Fernbedienung

Die meisten Tierpräparatoren können Ihnen sicherlich dabei helfen, dem Possum das Fell über die Ohren zu ziehen und so aufzustellen, als würde es Ihre Fernbedienung halten. Stellen Sie es dann neben Ihr Sofa, ist für jede Menge Gesprächsstoff gesorgt. Außerdem ersparen Sie sich die mühsame und zeitraubende Suche nach der Fernbedienung, weil sie nun endlich einen festen Platz hat.

1 sehr seltenes Exemplar einer Seegras fressenden Kuh

Enderby Island ist die nördlichste der Auckland Inseln. Diese liegen etwa 320 Kilometer südlich von Neuseeland, wurden 1806 entdeckt und schon kurze Zeit später von Wal- und Robbenfängern aufgesucht. In Folge des regen Schiffsverkehrs in dieser Gegend waren Schiffswracks kein ungewöhnlicher Anblick. Damit potentiell Schiffbrüchige nicht verhungern mussten, wurden Schweine, Ziegen, Schafe und Kaninchen auf einigen dieser Inseln in die Wildnis entlassen, 1894 sogar Weidetiere. Bis 1990 hatten sich die überlebenden Tiere zu einer kleinen, robusten und widerstandsfähigen Herde entwickelt, die denen auf den Shetland-Inseln in nichts nachstanden. Sie ernährten sich von Gestrüpp, Südinsel-Eisenholz und Seegras. Da sich die einheimische Vegetation und Fauna auf der Enderby Island erholen sollten, beschloss das neuseeländische Ministerium für Naturschutz, das gesamte Weidevieh abzuschießen. Es sah ganz so aus, als ob diese einmaligen Tiere, die in völliger Isolation ein knappes Jahrhundert überlebt haben, nun ausgerottet wären.

Doch dann entdeckten Mitglieder der neuseeländischen Rare Breeds Conservation Society (Bund zum Schutz bedrohter und seltener Tierarten) frische Hufabdrücke. Es gelang ihnen, »Lady«, die wohl einzige überlebende ausgewachsene Enderby-Island-Kuh, und ihr Kalb einzufangen und nach Neuseeland zu bringen. Das Kalb verendete jedoch kurz darauf, und nach einigen zunächst misslungenen Versuchen, »Lady« einen Embryo einzusetzen, wurde sie in das Institut für Landwirtschaftliche Forschung nach Ruakura gebracht. Dort gelang es, »Lady« einen Embryo einzusetzen, und kurz darauf kam der reinrassige Stier »Derby« zur Welt. In einem letzten Versuch, diese Rasse vor dem Aussterben zu retten, wurde »Lady« geklont. Im Jahr 1998 kam »Elsie« (»LC« Englisch ausgesprochen steht für »Lady Clone«) zur Welt, und ein Jahr später wurden vier weitere Klone von »Lady« geboren. Im Jahr 2002 brachten bereits zwei der Klone ein Kalb zur Welt, so dass es mittlerweile schon sieben Exemplare dieser seltensten aller Rassen gibt, was die Hoffnung nährt, dass sie doch noch vor dem Aussterben gerettet werden kann.

Das gibt es nur in Neuseeland

10 Orte, an denen neuseeländische Soldaten stationiert sind

▶ Afghanistan

Zum neuseeländischen Provincial Reconstruction Team (NZPRT), dessen Aufgabe der Wiederaufbau und Schutz der Infrastruktur vor Ort ist, gehören Soldaten, Ingenieure sowie Polizeikräfte und Mitarbeiter zur Koordination von Logistik und Kommunikation. Es wurde im Anschluss an die US-geführte Intervention 2001 nach Afghanistan geschickt. Im September 2011 begann der 19. Einsatz des neuseeländischen PRTs in der Provinz Bamyam in der Hochebene Zentralafghanistans.

Details dieses Einsatzes gelangen natürlich nicht an die Öffentlichkeit, doch so viel ist bekannt: Die NZSAS – eine Spezialeinheit des neuseeländischen Heeres für Kommandoeinsätze, Terrorismusbekämpfung und Geiselbefreiung – beteiligte sich an der Intervention von 2001. Regelmäßig wird seitdem eine schnelle Einsatztruppe der SAS (derzeit etwa 38 Mitglieder) nach Afghanistan entsandt. Im Dezember

2004 wurde die Truppe für ihren Beitrag zu einer größeren Operation vom US-amerikanischen Präsidenten ausgezeichnet. Im Juli 2007 unternahm die neuseeländische Regierung den ungewöhnlichen Schritt und verlieh dem NZSAS Corporal Willie Apiata das Viktoriakreuz, das seit Ende des Zweiten Weltkriegs erst vierzehn Mal vergeben worden war. Apiata wurde ausgezeichnet, weil er einen schwer verletzten Kameraden aus einem Fahrzeug gerettet hatte, obwohl es unter starkem Beschuss stand. Ihr Fahrzeug war aus dem Hinterhalt angegriffen worden und gab auch bei dem Gegenangriff ein auffälliges Ziel ab. Der Trupp geriet während seiner Einsatzdauer schon zwei Mal unter Beschuss, dabei kamen Corporal Doug Grant und Lance Corporal Leon Smith ums Leben.

Auch die neuseeländischen Streitkräfte schicken regelmäßig ihre Leute für die unterschiedlichsten Einsätze nach Afghanistan. Ein zehnköpfiger Trupp – das sogenannte National Support Element – ist im Luftwaffenstützpunkt von Bagram stationiert und kümmert sich gemeinsam mit der NZPRT um logistische Aufgaben. Je nach Turnus schwankt die Anzahl der Einsätze des Support Element (Mittlerer Osten), die vor allem für den Ein- und Abzug neuseeländischen Personals in Afghanistan zuständig ist. Zwei Neuseeländer leisten ihren Dienst im britischen Trainingslager der afghanischen Nationalarmee, ein

Offizier wird als Verbindungsperson der UN-Mission in Afghanistan eingesetzt, zwei weitere in derselben Funktion für das Einsatzkommando der Gemeinsamen Koalition und des Gemeinsamen Streitkräftekommandos Afghanistan. Vier Offiziere und ein Fahrer sind für die Internationale Schutztruppe tätig.

▶ Antarktis

Obgleich neuseeländische Wissenschaftler im ewigen Eis leben und arbeiten, handelt es sich bei der Präsenz der Neuseeländer in der Antarktis im Wesentlichen um eine militärische Operation. Je nach Jahreszeit und anstehenden Aufgaben leisten dort zwischen zwanzig und sechzig Angehörige der neuseeländischen Streitkräfte jahrein, jahraus ihren frostigen Einsatz. Offiziell gehört es zu ihren Aufgaben, Wissenschaftler und Würdenträger, die dort zu Besuch sind, zu begleiten, ihnen beim Transport der wissenschaftlichen Ausrüstung zu Forschungszwecken zu helfen und dafür zu sorgen, dass die Lager der Forschungsstationen in der Antarktis gut gefüllt sind. Des Weiteren assistieren sie bei Such- und Rettungsaktionen im ewigen Eis.

▶ Ägypten

Seit August 1981 leistet Neuseeland seinen Teil bei der Überwachung des zwischen Ägypten und Israel geschlossenen Friedensabkommens durch die außer-

halb der UN angesiedelte internationale Friedens-
truppe, die Multinational Force and Observers.
Derzeit befinden sich 28 Angehörige der neuseeländischen Streitkräfte vor Ort. Größtenteils sind sie für
Transportaufgaben zuständig.

▶ Irak

Ein einziger neuseeländischer Officer ist in Bagdad
stationiert und fungiert als Verbindungsperson zwischen den unterschiedlichen Streitkräften, die sich
seit der US-geführten Invasion von 2003 der Siche-
rung des Friedens widmen.

▶ Korea

Neuseelands Intervention auf der koreanischen
Halbinsel geht auf den Koreakrieg von 1950 zurück.
Drei Angehörige der neuseeländischen Streitkräfte
überwachen die Einhaltung des Friedensabkommens
zwischen Nord- und Südkorea.

▶ Mittlerer Osten

Acht Kiwis werden im Rahmen der UN-Mission zur
Überwachung des Waffenstillstands (United Nations
Truce Supervisory Organisation) als Beobachter in
dem Unruheherd Mittlerer Osten eingesetzt. Zwei
davon sind in Damaskus (Syrien) stationiert, zwei in
Tyre (Libanon) und je zwei in den israelischen Städten Tiberius und Jerusalem.

▶ Salomonen

Neuseeland war eines der Länder, die sich für RAMSI – eine regionale Initiative zur Unterstützung der Salomonen (Regional Assistance Mission to the Solomon Islands) – starkmachte und zum ersten Mal im Juli 2003, nach einem heftigen Bürgerkrieg in der pazifischen Inselgruppe, Truppenangehörige dorthin entsandte. Derzeit leisten dort abwechselnd ein Infanteriezug und neuseeländische Zivilisten einen viermonatigen Dienst ab.

▶ Sudan

Derzeit beteiligen sich drei Kiwis an der UN-Mission in der Republik Südsudan, die erst am 9. Juli 2011 ausgerufen wurde und somit die wohl jüngste Nation weltweit sein dürfte, um vor Ort für Sicherheit zu sorgen.

▶ Ost-Timor

Neuseeland trägt mit achtzig Mann zu der von Australien geführten internationalen Stabilisierungstruppe bei, einer Organisation zur Friedenswahrung, die 1999 nach dem blutigen Ende der 25-jährigen Besatzung Ost-Timors durch Indonesien eingerichtet wurde. Neuseeland entsendet einen Infanterietrupp und Hilfskräfte, außerdem arbeiten zwei neuseeländische Verbindungsmänner mit der UN-Friedensmission zusammen. Fünf Militärberater stehen den

Streitkräften von Timor in beratender Funktion zur Seite.

▶ Vereinigte Staaten von Amerika
Die neuseeländische Planungstruppe (National Planning Element) umfasst vier Mitglieder und gehört zu dem gigantischen Anti-Terror-Einsatzes »Operation Enduring Freedom« der US-amerikanischen Operation in Afghanistan.

6 der größten Verluste für Neuseeland

▶ Milch in Glasflaschen
Neuseeland gehört zu den Industrienationen, die wohl als einer der letzten Länder von der Einwegverpackungslobby vereinnahmt wurde, was letztendlich dazu führte, dass der letzte Abfüllbetrieb 2005 seine Pforten für immer schließen musste. Die Lobby der Kunststoff- / Kartonverpackungsindustrie hatte behauptet, dass die Qualität von Milch leide, wenn sie direkter Sonnenstrahlung, aber auch dem künstlichen Licht im Supermarkt ausgesetzt werde, so dass dem Verbraucher nichts anderes übrigbliebe, als Milch von nicht ganz einwandfreier Qualität zu kaufen. Innen beschichtete Kartons besäßen dagegen eine Halbwertzeit von Hunderten von Jahren und stellten einen Großteil des Hausmülls dar, der Jahr

für Jahr auf den Mülldeponien landete. Flaschen aus weißem Kunststoff ließen sich einfach recyceln und könnten für andere Produkte verwendet werden, für deren Herstellung kein hochwertiger Kunststoff erforderlich sei. Die Nachfrage nach Rohmaterial (leere Flaschen) übertrifft bei Weitem die Nachfrage nach recyceltem Kunststoff – auch hier landet der Rest auf den Mülldeponien. Glasflaschen dagegen werden gereinigt, sterilisiert und erneut befüllt. Außerdem gab es ganze Industriezweige, die davon lebten, nicht zu vergessen das Heer von kleinen Lieferwagen, an deren Steuern die Väter saßen, während ihre Söhne die Flasche hinten auf die Veranda stellten. Und natürlich eine ganze Generation Jugendlicher, die das Wechselgeld aus den Flaschen mopste.

▶ Wayne »Buck« Shelford

Als einer der größten Rugbystürmer aller Zeiten ist Wayne »Buck« Shelford, allein schon deshalb unvergessen, weil er die Hälfte eines wichtigen Test-Matches trotz halb herausgerissenen Hodens mit Bravour absolvierte. Die Verletzung hatte er sich durch einen herumfliegenden Schuh zugezogen. Er war eine robuste und kompromisslose Nummer 8 und brachte den All Blacks durch reine Einschüchterungstaktiken schon ein paar Punkte ein. Es stellt sich sogar die Frage, ob sich überhaupt eine andere Mannschaft trauen würde, gegen die All Blacks anzutreten, sollte

Buck noch immer den Ton beim Haka angeben, einem traditionell vor Spielbeginn aufgeführten Kriegstanz der Maori. In seiner fünf Jahre dauernden Karriere spielte er 48 Spiele im schwarzen Rugby-Shirt der All Blacks, erzielte 88 Punkte (allesamt durch sogenannte Tries – im Gegensatz zu manch anderem Spieler in der gleichen Position), einschließlich fünf Tries in seinen 22 Test-Matches. Kein Wunder, dass noch heute an den Austragungsorten Fans Fahnen mit der Aufschrift »Wir wollen unseren Buck zurück« hochhalten.

▶ Gesetzliches Mindestalter von 21 Jahren für den Konsum von alkoholischen Getränken

Die meisten von uns kennen den Unterschied zwischen 21- und 14-Jährigen – zumindest meistens. Als das gesetzliche Mindestalter noch bei 21 Jahren lag, kamen von den Minderjährigen also höchstens 16- und 17-Jährige in den zweifelhaften Genuss eines Vollrausches, sofern sie älter geschätzt wurden. Doch seitdem bereits 18-Jährige legal alkoholische Getränke konsumieren dürfen, haben nun quasi alle freie Bahn zu den Zapfhähnen, egal welchen Alters. Keine gute Idee.

▶ Fangprämie für Possums

Es war einmal, da wurde einem von offizieller Stelle gutes Geld in die Hand gedrückt, und zwar für jeden einzelnen Possumschwanz, den man vorzeigte. Da sich kein Possum freiwillig von dem guten Stück verabschieden würde, war klar, dass man sie vorher abgeschlachtet und ihren Leichnam geschändet hatte. Die heimische Flora und Fauna hatte es damals besser, die Neuseeländer verbrauchten weniger Gift und hatten mehr Taschengeld zur Verfügung. Alles in allem eine perfekte Lösung für alle Beteiligten – mit Ausnahme der Possums.

▶ Pfand auf Glasflaschen

Wie wurden neuseeländische Kinder mit der Welt der Hochfinanz vertraut gemacht? Ganz einfach, sie gaben ihre leere Limo- oder Colaflaschen dort ab, wo sie sie gekauft hatten, und bekamen ein paar Cent Pfand dafür in die Hand gedrückt. Die Flaschen landeten in einer Fabrik, wo sie recycelt und erneut mit einem Erfrischungsgetränk befüllt wurden. Dann gingen sie wieder in den Verkauf, wurden wieder leergetrunken, und dann in den Laden zurückgebracht und wieder wurde das Pfand darauf kassiert. Wirtschaftsexperten bezeichnen das als Circulus virtuosus, als positiven Teufelskreis. Ein weiterer Vorteil eines Pfandflaschensystems ist, dass Flaschen oder Scherben nur in Ausnahmefällen die Landschaft verschandeln. Doch, für ein paar besondere Flaschen gibt es schon noch ein solches Pfandflaschensystem, blöd nur, dass man die leeren Flaschen dafür in den Süden Australiens transportieren müsste.

▶ Segelohren

Sag mir, wo die Seg'lohr'n sind, wo sind sie geblieben? Was ist gescheh'n? Auf jedem alten Foto eines typischen neuseeländischen Vaters oder Großvaters – als sie noch jung waren – sah man sie zuhauf: Segelohren. Auch als der neuseeländische Expeditionskorps stolz in den Krieg zog, gehörte der breitkrempige Hut – die sogenannte »Zitronenpresse« – zur Uniform und diente dem Schutz der ziemlich abstehenden Ohren, die vermutlich noch aus der Kolonialzeit stammten. Doch irgendwie – vielleicht weil wir im Ersten Weltkrieg den Verlust von rund 17 000 Soldaten mit Segelohren zu beklagen hatten? – sind abstehende Ohren aus unserem Genpool verschwunden. Ein herber Verlust!

14 riesige Teile samt den dafür bekannt gewordenen Städten

Riesige Skulpturen sind der neueste Renner in Neuseeland. Vor allem Kleinstädte wollen damit Touristen anlocken. Von weitem zu sehen sind:

- The Big Carrot (die Riesenkarotte) in Ohakune
- The Big Gumboot (der Riesengummistiefel) in Taihape
- The Big Lemon & Paeroa Bottle (eine Riesenflasche L&P, ein kohlensäurehaltiges Erfrischungsgetränk, das ausschließlich in Neuseeland hergestellt und vertrieben wird) in Paeroa
- The Big Kiwifruit (eine Riesenkiwi) in Te Puke
- The Big Salmon (ein Riesenlachs) in Rakaia
- The Big Shearer (ein gigantischer Schafscherer) in Te Kuiti
- The Big Sheepdog und The Big Sheep (ein riesiger Schäferhund und ein Riesenschaf) in Tirau
- The Big Trout (eine Riesenforelle) in Gore und in Taupo
- The Big Fruit Selection (Riesenfrüchte) in Cromwell
- The Big Sandfly (ein Riesensandfloh) in Pukekura, an der Westküste der Südinsel
- The Big Crayfish (eine Riesenlanguste) in Kaikoura
- The Big Kiwi (ein Riesenkiwi) in Eketahuna
- The Big Jersey (ein monströser Pulli) in Geraldine.

7 Arten, wie Neuseeländer ihre Zeit verbringen

Die neuesten Ergebnisse einer Studie zu der Frage, was Neuseeländer ab zwölf Jahren mit ihrer Zeit anfangen, ergab:

▶ Bezahlte und unbezahlte Arbeit

Männer arbeiten im Durchschnitt 1 Stunde und 50 Minuten länger am Tag als Frauen, was auf unterschiedliche Erwerbsquoten und Beschäftigungsverhältnisse zurückzuführen ist:

· 51 Prozent der Männer sind erwerbstätig und arbeiten durchschnittlich 8 Stunden und 18 Minuten täglich

· 35 Prozent der Frauen sind berufstätig und arbeiten durchschnittlich 6 Stunden und 48 Minuten täglich

· dafür arbeiten Frauen wesentlich länger am Tag ohne Bezahlung (4 Stunden und 20 Minuten, während es bei Männern 2 Stunden und 32 Minuten sind), was hauptsächlich darauf zurückzuführen ist, dass Frauen etwa eine Stunde länger im Haushalt arbeiten als Männer.

▶ Freizeit

Die Neuseeländer verbringen jeden Tag 4 Stunden und 36 Minuten mit dem Konsum von Massenmedien und geselligen Freizeitaktivitäten – was insgesamt über 80 Prozent ihrer Freizeit ausmacht. In ihrer Freizeit beschäftigen sich Neuseeländer ab zwölf Jahren gerne damit:

- Videos ansehen oder fernsehen – 2 Stunden und 8 Minuten täglich
- Socialising, sich unterhalten – 1 Stunde und 7 Minuten täglich
- lesen oder schreiben – 26 Minuten täglich.

Männer verbringen 56 Minuten am Tag mit sportlichen Aktivitäten und ihren Hobbys, während Frauen dafür nur 33 Minuten am Tag Zeit haben. Dieser Unterschied erklärt sich damit, dass wesentlich mehr Männer längere Zeit damit verbringen, Video- oder Computerspiele zu spielen als Frauen. Männer treiben durchschnittlich 9 Minuten täglich Sport, während es bei Frauen nur 4 Minuten sind.

3 Dinge, die auf die Māori zurückgehen und sich durchgesetzt haben

▶ Hāngi

Bei dieser Zubereitungsart nach Art der Polynesier wird Essen in Flachs (oder Zeitungspapier) zu Päckchen gewickelt, die dann in einer Erdgrube auf im offenen Feuer vorheizte Steine (oder Eisenteile) gelegt und mit Flachsmatten (oder -säcken) bedeckt werden. Dann wird alles mit Erde bedeckt. Dieses Ritual ist in ganz Neuseeland beliebt, obwohl es viel Übung und Geduld erfordert, um das gewünschte Ergebnis zu erzielen. Das Garen im Erdreich verleiht den Speisen einen besonderen Geschmack, der mit herkömmlichen Garmethoden nicht zu erreichen ist.

▶ Ta moko

Dauerhafte Verzierungen des menschlichen Körpers zählen bei vielen alten Völkern zu einem traditionellen künstlerischen Handwerk. Auch die Māori bildeten hier keine Ausnahme, und Moko, das mit Schab- und Kratzwerkzeugen aus Stein oder Knochen erzeugt wird, galt als Symbol der Stammeszugehörigkeit und markierte zugleich – mit anderen Ritualen und streng vorgeschriebenen Protokollen – den Eintritt ins Erwachsenleben. Das Moko der Māori hat sich auf der ganzen Welt verbreitet. So tragen der berühmte Sänger Robbie Williams und der Boxer Mike Tyson diesen Körperschmuck. Die Māori selbst können dieser Entwicklung aber nichts abgewinnen.

▶ Haka

Haka ist ein traditioneller, ritualisierter Kriegstanz, der von Taua (Kriegern) vor einer Schlacht, als Siegesfeier oder um Tod und Niederlage zu verhindern aufgeführt wird. Jeder Stamm hat mindestens einen eigenen Haka, der zu den bereits genannten Gelegenheiten getanzt wird. Kapa-Haka-Wettbewerbe zwischen verschiedenen Stämmen der Māori halten die Kunst der Choreographie und der Aufführung am Leben. Am bekanntesten aller Hakas ist der sogenannte Ka Mate, der auf den großen Stammesführer der Ngati Toa, Te Rauparaha, zurückgeht und von der Rugby-Nationalmannschaft, den All Blacks, bei jedem Spiel aufgeführt wird, seit die Originaltruppe während ihrer Tour durch das Vereinigte Königreich 1905 eine abgespeckte Version uraufgeführt hatte. Dieser Tanz wurde – nicht nur für die Māori – zum Erkennungszeichen Neuseelands. Gruppen von Neuseeländern im Ausland führen gerne beim geringsten Anlass den beliebtesten und bekanntesten Haka auf. Die Māori stehen diesem kulturellen Ansatz mit gemischten Gefühlen gegenüber.

... und 3, mit denen das nicht geklappt hat

▶ Huhu-Larven

Die Larven des Käfers *Prionoplus reticularis*, die es sich im Stamm von zwei neuseeländischen Bäumen häuslich eingerichtet haben, sind so etwas wie eine traditionelle Delikatesse der Māori. Die Larven sind creme-weiß, gummiartig und werden bis zu sieben

Zentimeter lang. Angeblich schmecken sie wie Erd-nussbutter oder auch Hähnchen in Butter gebraten, aber auch das hat ihren Beliebtheitsgrad nicht geför-dert. Sie stehen zwar auf der Speisekarte des jährlich stattfindenden Hokitika Wildfoods Festivals, doch einen Platz auf der Liste der weltweit besten Schman-kerln konnten sie sich (noch) nicht sichern.

▶ Kanga pirau

Es ist nicht bekannt, wer auf die Idee kam, einen Sack Mais in einen Bachlauf zu stellen, ihn sechs Wochen dort zu vergessen und dann die innere Kraft – oder besser gesagt, fehlenden Geruchssinn – zu besitzen, um das Ganze zu verzehren. Doch Kanga pirau (fer-mentierter Mais oder auch Māori-Porridge) war eine bei den Māori sehr beliebte Speise, die sich aber erst nach der Kolonisierung durch die Europäer (zuvor war Mais in Neuseeland nicht bekannt) durchsetzte. Dafür werden Maiskolben bis zu sechs Wochen in fließendem Wasser eingeweicht, anschließend wer-den die Körner vom Kolben abgestreift, püriert und serviert, manchmal mit etwas braunem Zucker, Milch oder einem Klecks Sahne. Wem es gelingt, den Geruch auszublenden oder sich sonstwie damit anzufreunden (Kanga pirau riecht nach, naja, ver-faultem Mais) wird von dem leckeren Geschmack überrascht sein. Außerdem gilt das Ganze als Ge-heimrezept gegen Kater.

▶ Kannibalismus

Es ist allgemein akzeptiert, dass die Māori, wie viele andere Völker auch, in der voreuropäischen Zeit Kannibalen waren. Unklar ist jedoch bis heute, welche kulturelle Rolle der Verzehr von menschlichem Fleisch für sie spielte. Proteinquellen gab es schließlich mehr als genug – die Vögel in den Wäldern Neuseelands, Fisch aus dem Meer –, so dass es sehr unwahrscheinlich ist, dass Kannibalismus aus der Not heraus praktiziert wurde. Wahrscheinlicher ist, dass es Teil eines Rituals – vor allem nach der Schlacht – war. Diese Vermutung klingt noch plausibler, wenn man sich überlegt, welche Körperteile am liebsten verspeist wurden: die Augen und das Herz, Körperteile, die für Mana, also die Stärke und die Kraft des bezwungenen Feindes standen, die durch den Verzehr auf den Kannibalen übergingen. Andererseits war es üblich, dass ein Taua (ein Krieger) auf dem Kriegsmarsch Sklaven bei sich hatte, die entweder seine Ausrüstung tragen mussten oder als Zwischenmahlzeit dienten. James Cook berichtete, dass ein junger Mann, den er an Bord der *Endeavour* genommen hatte, darum bettelte, nicht an einer bestimmten Küste von Bord zu müssen, da der dort lebende Stamm ihn in den Kochtopf werfen und mit Genuss verspeisen würde. Cook selbst wollte unbedingt erfahren, ob daran etwas Wahres sei, und wies seinen Schiffskoch an, Menschenfleisch zu kochen und den

Māori, die an Bord seines Schiffs gekommen waren, zu servieren. Ihre Reaktion war eindeutig: Sie rieben sich die Bäuche und verdrehten die Augen vor Wonne angesichts dieses Leckerbissens. Es spricht jedoch so manches dafür, dass Cook bei dieser Gelegenheit Opfer eines grausamen Scherzes geworden war. Der letzte kannibalische Akt fand 1868 nach der Schlacht von Te Ngutu o te Manu während des Kriegs der Titokowaru in Taranaki statt, als die Leichen einiger europäischer Soldaten einer von dem preußischen Adligen Gustavus von Tempsky geführten Truppe nach überliefertem Ritual zubereitet und verspeist wurden.

8 von Neuseeländern gehaltene Weltrekorde – und 1 Weltrekord, der leider nicht von einem Neuseeländer gehalten wird

▶ Die steilste Straße

Baldwin Street in Dunedin gilt offiziell als steilste Straße der Welt. Nicht anders als in anderen Städten Neuseelands geht auch die Steilheit der Baldwin Straße darauf zurück, dass die Straßenpläne in Großbritannien für ebene Flächen entworfen wurden und dann über die Hügel Neuseelands gestülpt wurden. An der steilsten Stelle beträgt die Steigung satte 35 Prozent, was bedeutet, dass man alle drei Meter etwa einen Meter Höhenunterschied überwindet. Der untere Bereich der Baldwin Street, wo die Neigung relativ gering ist, ist asphaltiert. Der obere steilste Bereich wurde mit Beton befestigt, um zu vermeiden, dass der Teer bei heißen Temperaturen schmilzt und die Straße herunterrinnt.

Die Baldwin Street ist Austragungsort des jährlich stattfindenden Straßenlaufs »Baldwin Street Gutbuster«, an dem bis zu tausend Läufer teilnehmen. Ein weiterer Wettbewerb macht sich die extreme Steilheit der Straße zunutze: Ein wohltätiger Verein veranstaltet einen Wettbewerb, bei dem kandierte Schokobällchen die Straße hinunterkullern.

► Der größte Drachen der Welt

Peter Lynn aus Canterbury wurde ins *Guinness-Buch der Rekorde* aufgenommen, weil er den größten Drachen der Welt gebaut hat. Der erste seiner Drachen, der ebenfalls einen Weltrekord hielt, war aufblasbar und trug den Namen »Megabite«. Zu seiner vollen Größe aufgeblasen, konnten über tausend Leute hineinspazieren. Noch vor nicht allzu langer Zeit hat Peter Lynn einen noch größeren Drachen gebaut, dessen Fläche etwa 40 Meter auf 25 Meter beträgt und der der Flagge Kuwaits nachempfunden ist.

▶ Der zweitbeste Rekordbrecher der Welt

Der Aucklander Alastair Galpin ist Neuseelands fleißigster Rekordbrecher, weltweit gesehen ist er die Nummer 2. Galpin hat die verrücktesten Rekorde aufgestellt, darunter den, dass er es geschafft hat, sich in einer Minute die meisten Unterhosen anzuziehen (20), die meisten Socken übereinander zu tragen (74) und am schnellsten zehn Butterbrote zu schmieren (in 52,42 Sekunden).

Außerdem hält er folgende Rekorde:

- Er kann die meisten Handschuhe in der Minute anziehen (nur an einer Hand): 10
- er kann außerdem die meisten Handschuhe übereinander an einer Hand tragen: 24
- im Münzschnipsen: 12 Meter und 11 Zentimeter
- im Münzblasen: 37,6 Zentimeter
- im lautesten Klatschen: 113 Dezibel
- er kann drei Kiwis in nur 36,91 Sekunden schälen und essen
- er kann am meisten Wackelpudding mit Stäbchen in der Minute vertilgen: 410 Gramm
- er kann die meisten Gummibänder in einer Minute über den Kopf ziehen: 62
- er kann die meisten Eier in 30 Sekunden mit dem Kopf zerbrechen: 20
- er kann die meisten Schnecken im Gesicht haben: 8
- er kann die meisten T-Shirts übereinander tragen: 120

- er kann die meisten Eier in der Hand halten: 10
- im Fingerschnippen in der Minute: 119 Mal.

▶ Würstchenessen

Im Juli 2001 hat der Aucklander Stefan Paladin den Rekord aufgestellt, die meisten Würstchen in der Minute zu verschlingen: ganze acht Stück. Die Regel lautet, dass immer nur ein Würstchen mit einer Hand zum Mund geführt und auf einmal gegessen werden darf. Außerdem müssen die Würstchen mindestens 10 Zentimeter lang und 2 Zentimeter breit sein, dürfen nicht roh verzehrt werden, können aber nach der Zubereitung erst abgekühlt und dann gegessen werden.

▶ Der längste Flug eines Vogels – ohne Zwischenstopp

Diesen Rekord teilen sich die Neuseeländer mit den Amerikanern. Die Pfuhlschnepfe – die Māori nennen sie Küaka – gehört zu den Watvögeln, die an den Küsten leben und zwischen Neuseeland und Alaska pendeln. Sie verbringen den Sommer der nördlichen Hemisphäre in Alaska, wo auch ihre Brut- und Nistplätze liegen, doch mit Beginn des Winters, wenn es ungemütlich kalt in Alaska wird, fliegen die Pfuhlschnepfen südlich über den Pazifik, weil es um diese Jahreszeit in Neuseeland viel wärmer ist. Vor ihrem Aufbruch nach Neuseeland fressen sich die Vögel eine dicke Speckschicht an, um genug Energie für den langen Flug zu haben Auf ihrer Route gibt es keine Landemöglichkeit für die Tiere und vom Wasser aus können sie nicht starten.

Erst in den letzten Jahren wurden Details dieser Langstreckenflüge bekannt, als Pfuhlschnepfen mit kleinen Sendern ausgestattet wurden, deren Daten alle sechs Stunden über Satellit abgerufen wurden. Die Vögel fliegen acht Tage nonstop und legen dabei über 11 000 Kilometer zurück. Unmittelbar nach Ankunft der rund 100 000 Zugvögel Ende September in Neuseeland lassen sie sich in Ufernähe an den Häfen und Flussmündungen der Nord- und Südinsel nieder, da dort ihre bevorzugte Nahrung, Wasserwürmer und Insekten, aber auch Krabben und andere Krustentiere, die sie mit ihren langen Schnäbeln aufbrechen, massenhaft verfügbar ist. Gegen Ende des Sommers fliegen die Schnepfen zurück nach Alaska, wobei sie dieses Mal Zwischenlandungen in China und Korea einlegen, bevor sie ihre Brutplätze ansteuern.

▶ Der schnellste Stepptänzer der Welt
Der aus Wellington stammende Tony Adams hat 2009 mit 23 Steps pro Sekunde oder 1056 Steps in der Minute einen neuen Weltrekord im Stepptanzen hingelegt. Die Richter waren dabei auf die Filmaufnahmen angewiesen, die sie in Zeitlupe ansahen, da diese Geschwindigkeit vom menschlichen Auge nicht erfasst werden kann.

▶ Zorbing (in aufblasbaren Kugeln Hügel hinabrollen)

Zorbs wurden in den 1990er Jahren von den Kiwis Dwane van der Sluis und Andrew Akers erfunden. Ein Zorb ist eine doppelhüllige transparente Kunststoffkugel mit einem Durchmesser von etwa drei Metern. Man rollt im Inneren einer solchen Kugel einen Abhang hinunter. Die beiden Hüllen der Kugel sind von einer Luftschicht getrennt, die den Sportler vor unsanften Stößen und Verletzungen schützt. Den Guinness-Weltrekord für das schnellste Zorbing und den für die längste damit zurückgelegte Distanz halten seit 2006 zwei Neuseeländer: Steve Camp setzte den neuen Rekord auf 570 Meter (und brach den damaligen Rekord um 250 Meter), während Keith Kolver es in seinem Zorb auf immerhin 52 Stundenkilometer brachte, wie die mit Hilfe eines polizeilichen Radars durchgeführte Messung ergab.

▶ Das größte aus M&M's gelegte Mosaik der Welt

Der neuseeländische Künstler Maurice Bennett legte aus 5040 M&M's in sechs verschiedenen Farben das größte Mosaik aus diesen Süßwaren. Dargestellt wurde passenderweise der Rapper Eminem. Bennett wurde jedoch dafür bekannt, aus geröstetem Toastbrot wahre Kunstwerke zu erschaffen: Porträts von Elvis Presley, der Mona Lisa und eines von Regisseur und Produzent Peter Jackson.

▶ Haka

Der Rekord für die meisten Teilnehmer an einem Haka wurde – Überraschung! – nicht in Neuseeland aufgestellt, sondern 2005 in Melbourne, als 2200 Tänzer an dem Massenspektakel teilnahmen.

▶ Die vier größten ethnischen Gruppen innerhalb der neuseeländischen Bevölkerung
- Europäisch: 69 Prozent
- Māori: 14,6 Prozent
- Asiatisch: 9,2 Prozent
- Nicht-māorische Polynesier: 6,9 Prozent.

Die 35 Länder, aus denen zwischen 1997 und 2007 die meisten Einwanderer nach Neuseeland kamen

1.	Großbritannien	82 838	11.	Malaysia	8653
2.	China	54 728	12.	Simbabwe	5525
3.	Indien	43 488	13.	Taiwan	5522
4.	Südafrika	35 197	14.	Sri Lanka	5158
5.	Fidschi	23 788	15.	Japan	4854
6.	Samoa	19 687	16.	Deutschland	4708
7.	Südkorea	15 311	17.	Irak	4104
8.	Philippinen	12 015	18.	Thailand	3890
9.	Tonga	11 278	19.	Indonesien	3719
10.	USA	11 129	20.	Kanada	3711

21. Niederlande	3538	28. Afghanistan	2450
22. Russland	3472	29. Vietnam	2301
23. Kambodscha	3248	30. Iran	2257
24. Staatenlos /		31. Somalia	2252
Unbekannt	2980	32. Rumänien	1914
25. Singapur	2886	33. Frankreich	1476
26. Hongkong	2844	34. Bangladesch	1317
27. Irland	2607	35. Myanmar	1209

11 wundersame und wunderbare umgangssprachliche Ausdrücke

▶ Bach

Ein »Bach« ist *ein kompaktes Ferienhaus, sehr karg gehalten*. Vermutlich geht es auf die Junggesellenbude zurück, die auf Englisch »Bachelor house« heißt (so wird es auch ausgesprochen).

▶ Bludger

Ein Schmarotzer oder jemand, der sich ohne Not auf die Gutmütigkeit seiner Mitmenschen oder auch den Staat verlässt (wie in »dole bludger«: Sozialschmarotzer, der von der Stütze lebt, obwohl er auch arbeiten gehen könnte).

► Boohai

Dieses Wort kommt nur in dem Ausdruck »Up the Boohai« vor und bedeutet so viel wie *irregeleitet*, *missverstanden* oder *verloren gegangen*. Dabei handelt es sich um eine Abwandlung von »Puhoi«, einem kleinen Fluss nördlich von Auckland.

► Buckshee

Gratis, des Öfteren deshalb, weil es sich um Diebesgut handelt. »Buckshee« ist eine Abwandlung von »Bakshish« und eines der zahlreichen Wörter arabischen Ursprungs, die neuseeländische Soldaten, die im Zweiten Weltkrieg in Ägypten dienten, bei ihrer Rückkehr mit nach Neuseeland brachten.

► Bungee

Diese Sportart hat sich mittlerweile wohl auf der ganzen Welt durchgesetzt: Ein elastisches Gummiseil wird dem Sportler um den Knöchel gebunden, der auf einer hohen Plattform oder einer Brücke steht – und ab geht's in die Tiefe. Das erste kommerzielle Bungee-Jumping-Unternehmen wurde 1988 in Neuseeland aus der Taufe gehoben.

► Claytons

Ein mieser Ersatz für das Original. Dieser Begriff geht auf einen Werbespot zurück, in dem gezeigt wird, wie sich ein geschniegelter Bargast einen Whiskey der

Marke Clayton's (mit niedrigem Alkoholgehalt) bestellt (»The drink I'm having when I'm not having a drink«, zu Deutsch: »Der Drink, den ich mir bestelle, wenn ich eigentlich nichts trinken möchte«). Der Whiskey kam bei den neuseeländischen Verbrauchern nicht gut an, doch der Spruch blieb.

▶ Dag
Wörtlich übersetzt *Zotteln*, doch irgendwie hat sich die Bedeutung *Witzbold* oder *komische Situation* durchgesetzt (im Sinne von *ein echter Witzbold* oder *Das hat schon was Komisches*).

▶ Half-Pie
Halbwegs oder *teilweise*. Dieser Begriff geht vermutlich auf eine Kombination aus Englisch (»half«) und dem Māori-Wort für gut (»pai«) zurück.

▶ Huckery
Fragwürdig, schäbig, baufällig, hässlich. Der Ursprung ist nicht bekannt.

▶ Pakeha
Neuseeländer, der nicht māorischen Ursprungs ist (in der Regel weißer Hautfarbe). Die Herkunft des Wortes ist umstritten. Manche glauben, es handle sich um ein neutrales, beschreibendes Wort, während andere davon überzeugt sind, es sei abschätzig und be-

leidigend. Es kann sein, dass es von dem Wort »pake-pakeha« abstammt, das mystische, bösartige, hell-häutige Waldbewohner beschreibt, oder von »paake-hakeha«, womit hellhäutige Meeresgötter bezeichnet werden.

▶ Puckerooed

Kaputt oder *verdorben*. Abgeleitet von dem māori-schen Begriff »pakaru« für *kaputt*.

20 der beliebtesten Neuwagen ...

Auf der Grundlage der Neuzulassungen 2011 kaufen sich die Neuseeländer am liebsten folgende Fahr-zeugmodelle:

 1. Toyota Corolla
 2. Suzuki Swift
 3. Holden Commodore
 4. Hyundai 130
 5. Mazda 3
 6. Toyota Yaris
 7. Holden Captiva
 8. Toyota RAV4
 9. Ford Falcon
10. Holden Cruze
11. Toyota Highlander
12. Mazda 6
13. Toyota Camry
14. Ford Mondeo
15. Ford Fiesta
16. Hyundai Santa Fe
17. Ford Territory
18. Mitsubishi Outlander
19. Ford Focus
20. Honda Jazz

... und die 14 beliebtesten Autofarben

Die Liste der Neuzulassungen verrät uns auch die extravaganten Lieblingsautofarben der Neuseeländer:

Farbe	Neuzulassungen 2011
Silber	13871
Schwarz	8097
Grau	7380
Blau	6503
Weiß	6202
Rot	5228
Grün	1405
Braun	1021
Gold	856
Orange	319
Gelb	196
Violett	123
Creme	88
Rosa	34

5 skurrile Moden

▶ Umhänge-Krawatte

Dieses Modell wurde durch den Sechzigerjahre-Pop-star Lee Grant bekannt und setzte sich vor allem bei den Männern durch, die mal etwas anderes als den üblichen Windsor und sonstige traditionelle Krawattenknoten ausprobieren wollten. Die einfache und praktische Umhänge-Krawatte erfreut sich dieser Tage eines kleineren Revivals, obwohl man sich des Eindrucks nicht erwehren kann, dass sich sein Träger beim Binden einer Krawatte keine Mühe geben möchte. Vereinzelt wurden in Wellington und einigen abgelegenen Regionen Neuseelands noch ein paar Träger dieses Modells entdeckt – vermutlich Beamte, die den Restbestand aufgekauft hatten.

▶ Kurze Hosen

Kurze Hosen kamen ebenfalls in den sechziger Jahren in Mode, als den Neuseeländern mehr und mehr bewusst wurde, dass ihr Heimatland – wettermäßig gesehen – näher an Singapur liegt als an London. Im Zweiten Weltkrieg hatten die Neuseeländer bereits erste praktische Erfahrung mit langen Khaki-Shorts gesammelt, und mit der Erfindung des leichten Polyesters in den fünfziger Jahren war es nur noch ein kleiner Schritt bis zur kurzen Hose. Ende der sechziger Jahre hatte sich diese Mode sowohl als Freizeitlook als auch in der Geschäftswelt durchgesetzt. Die ordentlichen und gepflegten Hosen wurden, kombiniert mit obligatorischen Kniestrümpfen und normalen Halbschuhen oder auch Sandalen, sogar in den Amtsstuben des Landes gesichtet. Ihre Träger steckten auch gerne mal einen Kugelschreiber oder Kamm oben in den Sockenrand. Die kurzen Hosen sind ja im Wesentlichen nichts anderes als gekürzte Anzugshosen, weshalb sie auch oft in Verbindung mit einem Jackett an den Mann gebracht wurden. Zwar ist ihre Blütezeit längst vorüber, aber im Sommer werden sie nach wie vor gerne aus dem Schrank geholt.

▶ Beigefarbener Trainingsanzug

Die beigefarbenen Trainingsanzüge, wie sie die Freizeit-Cricketspieler gerne tragen, gelten als Glücksbringer, seit die neuseeländische Nationalmannschaft am 23. November 1980 während des One-Day-Worldcup-Spiels im Stadion Adelaide Oval gegen Australien erst einen Rückstand von 217/9 aufholte und ihren Gegner dann im letzten Over sogar noch knapp überholte. Das neuseeländische Beige stand im krassen Kontrast zu den australischen Farben grün und gelb und ist seitdem untrennbar mit unvergesslichen Momenten in der Geschichte des neuseeländischen Crickets verbunden wie zum Beispiel dem schmachvollen »Underarm-Incident« von 1981.

Hier lagen die neuseeländischen Spieler beim letzten Ball des Spiels sechs Punkte hinter Australien und hätten mit einer großen Boundary noch einen Gleichstand erzielen können. Dies wurde jedoch dadurch verhindert, dass der australische Bowler Trevor Chapell den Ball am Boden zum neuseeländischen Schlagmann rollte, so dass dieser keine Möglichkeit hatte, ihn weit und hoch zu schlagen. Die Farbe erinnert auch an das Spiel, in dem Lance Cairns im Melbourne Cricket Ground etliche Schläge geglückt sind, bei denen er und sein Partner die Höchstzahl von sechs Runs erreichten und dadurch bei 21 Würfen insgesamt 50 Runs erzielte, oder auch an den phantastischen Rhythmus und Schwung eines Richard Hadlee. Das Beige steht für eine Zeit, in der es Neuseeland immer wieder gelang, Australien im Cricket zu besiegen – und es so legendäre Spieler gab wie Wright, Smith, Edgar, Coney, Howarth, Chatfield und Hadlee.

Im Laufe der folgenden Jahre gab es die beige Kluft in den unterschiedlichsten Schattierungen und Schnitten, doch an einigen typischen Merkmalen hat sich bis heute nichts geändert: am hauteng anliegenden Oberteil, am tiefen Ausschnitt, der umso wichtiger wird, je mehr Brusthaare oder Goldketten sein Träger hat, und an der Tatsache, dass der Beigeton des Oberteils immer ein anderer ist als der der Hosen. Die Nachfrage nach dieser beigefarbenen Uniform kam Ende der achtziger Jahre zum Erliegen, doch ein Jahrzehnt später erlebte sie eine wundersame Renaissance durch The Beige Brigade, treue Cricket-Fans, für die der Ruhm der zahlreichen von den Neuseeländern errungen Siege bis heute nichts von seinem Glanz eingebüßt hat. Fakt ist, dass die Brigade ihr Manifest einer wachsenden Gruppe von Anhängern vorstellte, was den neuseeländischen Cricket-Verband veranlasste, es dem neuseeländischen Team Anfang 2005 zu gestatten, ihr erstes internationales Twenty20-Spiel in einer schauderhaften Variante des Originalmodells aus den achtziger Jahren zu bestreiten.

▶ Stubbies

Im Sommer 1972 saßen ein paar Vertreter eines Kleidungsfabrikanten gemütlich bei einem Bier zusammen und dachten über einen schlagkräftigen Namen für ihr nigelnagelneues Produkt – eine knapp sitzende, kurze Hose für Männer – nach. Wie man sich vorstellen kann, gelang es der geselligen Runde nicht wirklich, über ihren Bierglasrand hinauszusehen. Deshalb hat sich ihnen nur ein Begriff ins Gedächtnis eingebrannt: Stubbies – womit eigentlich kleine, dicke Bierflaschen bezeichnet werden. Daraus wurde der Begriff schlechthin für kurze Sporthosen. (Die Marke wurde so erfolgreich, dass der Hersteller beschloss, künftig unter diesem Namen zu firmieren.)

Stubbies Shorts waren kurze Zeit später, nicht anders als Jandals (Flip-Flops) oder Singlets (ärmellose Shirts), mit denen Stubbies häufig kombiniert wurden, nicht mehr aus Neuseeland wegzudenken. Es ist mit Sicherheit nicht übertrieben zu behaupten, dass wohl fast jeder Mann in Neuseeland in einer bestimmten Phase seines Lebens einmal ein paar dieser robusten Freizeitklamotten besaß. Bevor Boardshorts (kurze Hosen bis knapp übers Knie) in Mode kamen, war es keine Frage, was ein Mann, der etwas auf sich hielt, zum Grillen anzog. Ihren großen Auftritt hatten die Stubbies 1980, als der Hersteller seine Produktpalette erweiterte. Frisch eingetroffen gab es nun in allen gutsortierten Kaufhäusern die sogenannten Super Stubbies, feingestreift und mit einer verdeckten Knopfleiste ausgestattet, und die Surfin' Stubbies. Später waren Pastellfarben der neueste Schrei: Standardmodelle der Stubbies waren in hellblau, lindgrün, jadegrün, türkis und zitronengelb erhältlich – allesamt Farben, mit denen ein ganzer Kerl eigentlich seine Probleme hat. Doch vierzig Jahre später gehen Stubbies noch immer weg wie warme Semmeln.

▶ Flip-Flops und Socken
Es heißt, dass aus Reisstroh geflochtene japanische Zehenstegsandalen – Zori – bereits vor dem Zweiten Weltkrieg in Neuseeland als Badeschlappen verwen-

det wurden, da sie neuseeländische Soldaten, die aus dem besetzten Japan zurückkehrten, im Gepäck hatten. Doch erst mit der neuseeländischen Neuentwicklung von 1957 – komplett aus Kunststoff gefertigt – wurde dieser Sommerschuh weltweit bekannt und beliebt. Im Rest der Welt ist diese Fußbekleidung unter den unterschiedlichsten Namen bekannt (in Australien sind es »thongs« (auf deutsch: Zehentanga), in Italien »infradito« (Zwischenzehler), »Flip-Flops« in Nordamerika, Großbritannien und Deutschland (dieser Name geht auf das Geräusch zurück, das die Schuhe beim Gehen erzeugen), doch in Neuseeland »Jandals« (abgeleitet von »japanese sandals« – japanischen Sandalen. Maurice Yock ließ sich seine Erfindung 1957 patentieren. Seitdem ist dieser Begriff geschützt und hat seinen Weg in die Alltagssprache gefunden. So mancher trägt sie jahrein, jahraus, im Winter dann eben mit den passenden Socken, die von einem cleveren Unternehmen auf den Markt gebracht wurden, um aus der nie versiegenden Nachfrage Kapital zu schlagen.

8 Dinge über den merkwürdigen Buchstaben Z

Wen wundert's, dass die Neuseeländer ein Faible für den Buchstaben Z haben. Die Schriftstellerin Debra Daley ist dieser Vorliebe, die vor allem bei Neuseeländern im Ausland zu beobachten ist, in ihrem Roman »The Strange Letter Z« auf den Grund gegangen. Sie beschreibt ihre eigene Reaktion so: »Obwohl ich nie übermäßig an Heimweh nach Neuseeland litt, sprang mir jedes Z in jedem x-beliebigen Text ins Auge, so dass ich kaum noch weiterlesen konnte. Vermutlich hat mich der Buchstabe deshalb so magisch angezogen, weil ich unbewusst erwartete, dass es nun um mein Heimatland geht. Doch Neuseeland ist ein so kleines Land am anderen Ende der Welt und spielt keine bedeutende Rolle für das Weltgeschehen, dass meine Erwartungen so gut wie nie erfüllt wurden. Neuseeland wird nur ganz selten in der Presse erwähnt, und wenn dann nur im Zusammenhang mit Rugby oder dem Mount Everest. Nicht anders als Sammler mit einer Vorliebe für venezianisches Glas, alte Puppen, Whisky-Miniaturen oder Erstausgaben irischer Romane begann ich, den Buchstaben Z zu sammeln – wenn auch nur in meinem Hirnstübchen. Ich mochte das Zeichen des Zorro, das geritzte Z, Roland Barthes transformatorisches Buch »S/Z«, Comics, in deren Sprechblasen lauter »Zzzz« wimmelten, und Sprachen wie japanisch oder tschechisch, in denen das Z nicht auf ein einsames Gastspiel oder seine Rolle als letzter Buchstabe im Alphabet beschränkt wird. Am meisten jedoch faszinierte mich wie alle Katastrophen auch Balzacs Geschichte »Z. Marcas« über einen Mann, dessen Hingabe mit Verrat und Vergessen belohnt wird. Zetts – das sind für mich schwere Unwetter, oder ein Sturm, der den Himmel verdunkelt und Ruhe und Zufriedenheit ein Ende bereitet.«

▶ Zam-Buk

Diese Kräutersalbe wurde Anfang des 20. Jahrhunderts hergestellt und sollte laut den markigen Werbesprüchen bei Schnittverletzungen, Blutergüssen, Verbrennungen, Hämorrhoiden, Pickeln und rissigen Händen helfen (um nur ein paar Wehwehchen zu nennen). Wahre Wunder bewirkte sie jedoch auf dem Sportplatz. »Unübertroffen für jeden Sportler« setzten zunächst die Sanitäter in Neuseeland und Australien auf dieses Heilmittel, weshalb sie selbst im Laufe der Zeit so genannt wurden. Der genaue Ursprung dieses Wortes ist längst in Vergessenheit geraten – obwohl eine südafrikanische Stadt diesen Namen trägt. Die Salbe enthält Eukalyptusöl, Kampfer, Bienenwachs, Thymianöl und Chlorophyll.

► Zed

Eine neuseeländische Band, die 1998 in Christchurch unter dem Namen Supra gegründet wurde, als ihre Mitglieder Nathan King, Ben Campbell, Adrian Palmer und Andy Lynch noch Studenten waren. Ihr Album *Silencer* erschien 2000 und war ein großer Erfolg. 2005 löste sich die Gruppe auf, und die Mitglieder gingen als Künstler und Musiker getrennte Wege.

► Zorbing

Bei diesem in Neuseeland entwickelten Freizeitvergnügen rollt man in einem riesigen Kunststoffball – dem sogenannten Zorb – einen Abhang hinunter. Wie in einem luftgepolsterten Hamsterrad für Menschen.

► Zac

Umgangssprachlich wurden die Sixpence-Münzen so genannt, als in Neuseeland noch das britische Münznominal herrschte, also bevor NZ-Dollar und Cent eingeführt wurden.

► Zespri

Bis in die 1960er Jahre war die *Actinidia deliciosa* in Neuseeland als Chinesische Stachelbeere bekannt. Überwiegend wurde die Sorte »Hayward« angebaut, die als Erste aus der wildwachsenden Kletterfrucht von den Neuseeländern kultiviert wurde. 1959 wurde der Name Kiwi dafür geprägt. Der Obst- und Gemüsegroßhändler Turners & Growers reagierte damit auf die Schwierigkeiten seines Unternehmens, den lukrativen Markt Nordamerikas zu erobern. Es war die Zeit der Kommunistenhatz in Amerika, und China war nun mal ein kommunistisches Land. Außerdem war die Klassifizierung dieser Frucht unklar und damit auch die Höhe der Zollgebühren für die Einfuhr in die Vereinigten Staaten. Mit dem neuen Namen wurden diese beiden Problematiken elegant umgangen, und der Rest ist Geschichte. In den sechziger Jahren verzeichnete der Obstanbau in Neuseeland ein bis dato unbekanntes Ausmaß. Erst in jüngster Vergangenheit sieht sich Neuseeland mit wachsendem Wettbewerb konfrontiert, wodurch der lukrative europäische und der nordamerikanische Markt mit Kiwis aus anderen Ländern geradezu überschwemmt werden. Somit war klar, dass die neuseeländische Kiwi ein Alleinstellungsmerkmal brauchte, weshalb sie jetzt unter dem Namen Zespri vertrieben wird.

▶ 1ZB, 1ZM

Bis in die 1980er Jahre verwendeten die staatlichen Radiosender Neuseelands eine Reihe von Funkrufzeichen, die aus einer Ziffer und zwei Buchstaben bestanden. Die Ziffern standen für das Sendegebiet, während der Buchstabe verriet, ob es sich um einen kommerziellen, privaten oder nicht-kommerziellen Sender handelte. 1 war das Rufzeichen der Nordinsel, südlich von Bay of Plenty; 2 das Rufzeichen der restlichen Nordinsel und der Provinz Nelson; 3 stand für die Südinsel bis Timaru; 4 für die restliche Südinsel. Die Buchstaben X und Y wurden von privaten, nicht-kommerziellen Stationen (wie National Radio und Concert Programme), das Z von kommerziellen Musiksendern verwendet. Die größte Stadt innerhalb einer bestimmten Region erhielt die Kennung ZB, das heißt, Auckland war 1ZB, Wellington 2ZB, Christchurch 3ZB und Dunedin 4ZB.

▶ Zodiac Records

Zodiac war ein unabhängiges Plattenlabel, das Ende der 1940er Jahre in Neuseeland ins Leben gerufen wurde. Das Unternehmen bestand bis in die siebziger Jahre und hatte viele großartige neuseeländische Bands unter Vertrag.

▶ Zealandia

Die vollbusige, langhaarige Angelsächsin, standesgemäß gekleidet in ihrem locker sitzenden, langen Gewand wurde als krönendes Sinnbild der »Zealandia« auf den Wappen Neuseelands von 1911 dargestellt. Dichter und Autor Glover beschreibt dieses Symbol Neuseelands mit diesen Worten: »Und so erwuchs

Zealandia, voll bewaffnet, aus dem Kopfe eines ersten Künstlers, und sodann jenem eines Weiteren. Britannias Tochter, mehr als nur ozeanischer Zierrat (niemand erwähnte je ihren Vater), sie wurde zum Symbol einer mütterlichen Herrin für das junge Nationalbewusstsein. Auf Partituren und Librettos trug sie ihren Topfhelm – eine klägliche Art Kohleneimer – mit einem achtlos zu ihren Füßen geworfenen Schwert, die rechte Hand ein Füllhorn umklammernd, aus welchem Äpfel und Birnen flossen, während von ihrer Linken der Hermesstab herabbaumelte. Je nach den Fertigkeiten des Künstlers, reichte ihr Ausdruck von nichtssagender Stumpfheit bis zu einer kristallhaft starrenden Trance. Man benannte sogar eine Wochenzeitung und ein oder zwei Pubs nach ihr. Jedoch stand noch größerer Ruhm bevor. Die allgegenwärtigen Penny-Briefmarken (ah, ein Fortschritt) brachten sie in triumphaler Weise voran und weit in die Ferne, auf der Flut all der Banalitäten, welche den Postsack füllen. Von 1901 bis 1909, in einem recht ausgewaschenen Rot, wurde ihr Bildnis tagtäglich vom Entwertungsstempel jedes Postamts im Lande erschüttert. Mit neuem Antlitz, aber nicht in Ungnade gefallen, entglitt sie unserer Mitte. Dessen ungeachtet hatten wir schon üblere Symbole für uns. Es gab einige Experimente mit Māori-Häuptlingen und Farnwedeln und Moas und Kiwis. Auf vielen Dokumenten der Regierung prangen noch heute eine Krone und ein Schild, der auf der einen Seite gestützt wird von einem mattierten Māori mit Taiaha-Wurfspieß und Haarpracht; und auf der anderen von – ist es möglich? Ja! – Zealandias Tochter, in geschlechtsloser Art und Weise dem Ersteren flehentlich zuschmachtend, oder in schmachtender Anflehung seiner Person. Zealandias Nachtgewand ist nun ein wenig kürzer geschnitten, und ihre künstlerische Ausführung ist nicht einmal so gut wie einst, in den Tagen ihrer Mutter.«

Die 3 größten Umweltsünder Neuseelands

▶ Die Landwirtschaft

Neuseeland schlimmstes Verbrechen an der Umwelt ist der Methanausstoß. Rülpsende und furzende Rinder und Schafe blasen Jahr für Jahr an die 13 Megatonnen Methan in die Atmosphäre. Methan zählt mit einem globalen Treibhauspotenzial von 21 zu den umweltschädlichsten Treibhausgasen. Dieser Wert bedeutet, dass ein Kilogramm Methan so stark zur globalen Erwärmung beiträgt wie 21 Kilogramm Kohlendioxid. Nach dieser Rechnung ist das neuseeländische Weidevieh für den jährlichen Ausstoß von umgerechnet 273 Megatonnen Kohlendioxid in die Atmosphäre verantwortlich. Unsere Schafe sind die schlimmeren Luftverpester im Vergleich zu den Rindern: Sie sind für 58 Prozent des gesamten Methanausstoßes in Neuseeland verantwortlich, die Rinder dagegen für 28 Prozent. Der Rest ist vermutlich auf die Farmer zurückzuführen. Schwer zu sagen, was man dagegen tun könnte, außer Fackeln an den Hinterteilen der Tiere zu befestigen, um das Gas durch Verbrennen in Kohlendioxid zu verwandeln. Wissenschaftler haben sich nun dieses Problems angenommen und experimentieren mit den Darmbakterien unserer vierbeinigen Lieblinge – mit dem Ziel, die Verdauungsvorgänge des Weideviehs zu optimieren.

▶ Die Stromerzeugung

Ein Großteil des neuseeländischen Stroms wird thermisch erzeugt: Das heißt, Kohle oder andere fossile Brennstoffe werden verbrannt, die dabei entstehende Energie treibt Dampfturbinen an, die wiederum Generatoren antreiben. Dabei gelangen Jahr für Jahr umgerechnet acht Megatonnen Kohlendioxid in die Atmosphäre. Dieser Wert unterliegt gewissen Schwankungen, je nach Füllstand der Wasserspeicher, der wiederum von der jährlichen Niederschlagsmenge abhängt. Wie auch immer, in den letzten zwanzig Jahren ist diese Form der Umweltschädigung auf ein gefährliches Maß angestiegen. Durch die blühende Wirtschaft haben sich die neuseeländischen Verbraucher immer mehr Elektrogeräte angeschafft, was den

Stromverbrauch erhöht. *Einen* Hoffnungsschimmer bietet der Treibhauseffekt jedoch: Eine Klimaerwärmung würde bedeuten, dass wir weniger Strom für unsere Heizungen verbrauchen. Außerdem würde mehr Regenwasser in die Wasserspeicher und Stauseen gelangen (ganz zu schweigen vom schmelzenden Eis und Schnee in den Bergen).

▶ Die Industrie

Die verschiedenen Industriezweige Neuseelands sind umgerechnet für den Ausstoß von rund fünf Megatonnen Kohlendioxid jährlich verantwortlich.

8 großartige Biersorten

Der Neuseeländer trinkt durchschnittlich 75 Liter Bier im Jahr. Größtenteils handelt es sich dabei um Lagerbier der zwei den Markt beherrschenden Brauereien Neuseelands. Immer mehr Biertrinker kommen jedoch auf den Geschmack und genießen regionale Bierspezialitäten wie Sudbier. Zu den empfehlenswerten Sorten zählen:

· Emersons 1812 India Pale Ale
· Emersons WeissBier
· Moa Original
· Moa Noir
· Monteith's Black Beer

- Monteith's Dry Kilned Celtic Beer
- Speight's Old Dark Malt Ale
- Mac's Gold All Malt Lager.

Die 5 beliebtesten Gerichte zum Mitnehmen

Keine Frage, auch Hamburger, Pizza und Gerichte mit Hühnchenfleisch haben sich mehr und mehr in Neuseeland durchgesetzt, doch das Lieblingsgericht ist und bleibt Fish'n'Chips. Es heißt, dass die Neuseeländer jedes Jahr beeindruckende 135 000 Tonnen davon verspeisen. Niemand kann sich mehr daran erinnern, wer das erste Ladenlokal für diese von den Briten übernommene Spezialität eröffnet hat, doch vor allem freitags ist der in heißem Fett herausgebackene Fisch mit Pommes Frites die erste Wahl der Neuseeländer. Zunächst war es der Schnapper, der auf der Nordinsel gerne in der Pfanne landete, doch da immer weniger dieser Fische gefangen werden, wurde er zunehmend durch Hoki, Hai (der als Zitronenfisch vermarktet wird) und Tarakihi ersetzt. Auf der Südinsel dagegen werden hauptsächlich Knurrhahn und Dorsch oder Kabeljau verwendet. Fish'n'Chips ist also die meistgekaufte landestypische Spezialität zum Mitnehmen, doch wenn es um Fastfood geht, sind asiatische Gerichte die erste Wahl:

1. Asiatische Spezialitäten
2. Fish'n'Chips
3. Pizza
4. Hamburger
5. Hühnergerichte.

Die 10 im Supermarkt meistverkauften Produkte Neuseelands

1. Coca-Cola in der 1,5 Liter-Flasche
2. Wattie's Spaghetti in der 420-Gramm-Packung
3. Coca-Cola in der 2,25 Liter-Flasche
4. QB Nature's Fresh Toastbrot in der 700-Gramm-Packung
5. Wattie's eingemachte Bohnen in der 420-Gramm-Dose
6. Bananen der Marke Bobby Dole (abgepackt zu je 850 Gramm)
7. Tip Top Super Soft Toastbrot in der 700-Gramm-Packung
8. Sprite in der 1,5 Liter-Flasche
9. QB Molenberg Original Toastbrot in der 700-Gramm-Packung
10. Coke Zero in der 1,5 Liter-Flasche.

Sex, Tod und Geld

11 der romantischsten Flecken Neuseelands

▶ Der Leuchtturm am Cape Reinga

Diese Rasenfläche ganz oben im Norden Neuseelands lädt nicht nur den erschöpften Wanderer ein, eine Decke auszubreiten und Tag und Nacht die unendliche Weite zu genießen. An dieser Stelle prallen der Pazifik und die Tasmansee deutlich hörbar aufeinander und bieten ein faszinierendes Naturschauspiel. Unweit findet sich auf einer Landzunge der Ort, an dem nach der Mythologie der Māori die Geister der Verstorbenen erscheinen – schließlich soll es ja Menschen geben, die sich gerne Schauder über den Rücken jagen lassen. Gut möglich, dass es tagsüber nicht wirklich ein einsames Plätzchen ist. Dann warten Sie doch einfach den Anbruch der Nacht ab, wenn der Leuchtturm seinen mächtigen Strahl über das offene Meer schickt – das kann sehr romantisch sein.

► Der Gipfel des Mount Eden

Eine durchaus lohnenswerte Fahrt für jeden, der mit dem Auto in der Greater Auckland Region unterwegs ist: Genießen Sie die spektakulären Aussicht auf die unter Ihnen liegende Stadt und ihre Vororte, deren Lichter im Dunkeln funkeln wie unzählige Sterne. Der mit Gras bewachsene Kraterrand bietet viel Platz und lädt zum Verweilen ein. Der 360-Grad-Rundum-Blick über die Landenge und die Inseln des Meerbusens (noch schöner, wenn die Navigationsleuchten der Schiffe über dem schwarzen Meer glitzern und der Strahl des Leuchtturms von Tiritiri Matangi am Horizont zu erkennen ist) ist atemberaubend. Doch das ist noch längst nicht alles: Mitten aus der Stadt ragt der mächtige Fernmeldeturm Skytower in den Himmel hinein.

► Sanddünen am Muriwai Beach

Keine Frage, hier könnte jeder der zahlreichen Strände an Aucklands Westküste stehen oder jeder x-beliebige Strand entlang der Küste Neuseelands. Doch Muriwai gewinnt durch seinen reinen, wilden Charme, seine Nähe zu Auckland – und seinen weitläufigen Parkplatz.

▶ Gipfel des Mount Victoria

Typisch für Wellington ist seine Schroffheit – ein
Zauber, an den man sich erst gewöhnen muss. Am
besten genießt man diese raue Schönheit vom Gipfel
des Mount Victoria. Von dort ist die Aussicht über
die Stadt grandios: Der Blick schweift über den Hafen nach Pencarrow Head – dem ersten Leuchtturm
Neuseelands – und dann hinüber zur Südküste und
die Vororte. Wer mag, kann die Aussicht auch be-
quem vom Auto aus genießen, was vor allem in kalten Nächten oder wenn der Wind Hurrikanstärke erreicht, sehr angenehm ist. Parkplätze sind jedenfalls
auch hier reichlich vorhanden.

▶ Kai Iwi Beach, Wanganui

Hier gibt es nichts als harten, flachgepressten Sand –
bestens geeignet, eine Decke auszubreiten und die
ruhige Meeresbrandung, die immer wieder an die
lehmigen Klippen donnert und dort mit mächtigem
Getöse zerbricht, zu genießen und sich mit Fragen
über den Sinn des Lebens zu befassen.

▶ Der geographische Mittelpunkt Neuseelands:
 Nelson

In Nelson gibt es einen hohen speerartigen Mast, der
wie ein großer Pfeil auf einen Punkt deutet, der
angeblich den exakten geographischen Mittelpunkt
Neuseelands darstellt. Diese Information genügt

Ihnen nicht, um einen Abstecher nach Nelson zu machen? Gut, dann haben wir noch das für Sie: Die Aussicht auf die Stadt und das offene Meer und der leichte Bogen der Golden Bay, die im Mondlicht wie Gold funkelt, sind phantastisch. Außerdem ist Nelson gut zu erreichen, und es gibt – wieder einmal – viele Parkplätze.

▶ Mit dem Boot den Avon River hinab nach Christchurch

Kuscheln Sie sich gemütlich in den Bootsrumpf, und genießen Sie die Flussfahrt. Mit etwas Glück bringt Ihnen Ihr Bootsführer sogar ein Ständchen dar. Die ganze Blüten- und Blumenpracht dieser für ihre Parks und Gärten berühmten Garden City ziehen an Ihnen vorbei. Genießen Sie die Romantik, aber bleiben Sie anständig – dem Gondolier zuliebe.

▶ Moeraki Beach

In den Nächten wird es dort bitterkalt, da hilft nur eines: sich mit seinem Liebsten oder seiner Liebsten zusammenzukuscheln. Am besten, man besucht diesen gespenstischen Ort in einer klaren Mondnacht, wenn die irgendwie gruseligen, asymmetrisch geformten gigantischen Steinkugeln am Strand von Moeraki ihre Schatten gegen das glitzernde Wasser werfen.

▶ St Clair Beach, Dunedin

Hier ist es doch tatsächlich noch kälter als in Moeraki, und Sie sollten sich ganz fest an Ihren Partner schmiegen. Bei jedem Blick auf das Meer ist das ganze puritanische Gewicht, der Sog der Spaßverderber zu spüren, der auf Dunedins Geschichte lastet, diese gesammelte presbyterianische Missbilligung, diese ganzen kalten Steinhaufen – man möchte meinen, sie heben anklagend ihren Finger … und jeder gehauchte Kuss wird dann zu einer lebensbejahenden Trotzreaktion.

▶ Ferry Pier, Queenstown

In Queenstown ist einfach alles toll, ehrlich. Man könnte fast meinen, ringsherum wären Fototapeten mit den spektakulärsten Landschaften angebracht worden. Wahre Romantiker sollten unbedingt den Pier ganz hinunterlaufen und bei einem Gläschen Schampus die Fahrt auf der Fähre *Earnslaw* genießen, denn das Wasser des Lake Wakatipu ist hier spiegelglatt.

▶ Bluff

Der Hügel oberhalb von Bluff ist das für den Süden Neuseelands, was Cape Reinga für den Norden ist. In der Luft liegt ein Hauch von Endstation (nur der nicht weit entfernte Slope Point – der südlichste Punkt der Südinsel – liegt noch weiter im Süden), und alles wirkt irgendwie trostlos: Der Lichtschein über dem dunklen Wasser, die frische Brise, die einem als frostiger Gruß aus der Antarktis fast bei jedem Besuch stürmisch ins Gesicht weht … Es gibt nur eine Möglichkeit, eiskalte Lippen wieder zu erwärmen.

Die 10 Städte mit den meisten Bordellen, umgerechnet auf die Einwohnerzahl

▶ Carterton: Einwohnerzahl: 4000 – Bordelle: 1
Dieser Tage erfreut sich die kleine Wairarapa-Stadt Carterton großer Aufmerksamkeit, da es sich schnell herumgesprochen hat, dass das ehemalige Taratahi Hotel in das Cottage of Content verwandelt wurde, das die fleischliche Lust der Region zu befriedigen versucht und dem Ruf von Carterton als Kleinstadt mit dem gewissen Extra, in der Dienstleistungen das A und O sind, eine ganz neue Bedeutung verleiht.

▶ Hawera: Einwohnerzahl: 10000 – Bordelle: 1
Als vorgeschlagen wurde, dass das Geburtshaus des großartigen Schriftstellers Ronald Hugh Morrieson, in dem er bis zu seinem Todestag sein gesamtes Leben verbracht hatte, als literarisches Denkmal bewahrt werden sollte, kam es bei den Einwohnern von Hawera zu stürmischen Protesten. Morriesons

Thema Nummer eins – das schummrige Nachtleben in den Kleinstädten Neuseelands, wobei die fraglichen Orte unverkennbare Ähnlichkeit mit Hawera aufwiesen – hatte die Gemüter aufgewühlt, so dass sein Haus letztlich stillschweigend abgerissen und durch ein Fastfood-Restaurant ersetzt wurde. Möglicherweise hatte Morrieson mit seinen Büchern aber mitten ins Schwarze getroffen, denn ganz oben auf der offiziellen Liste der verkommensten Städte Neuseeland steht Hawera. Die Skyline der Kleinstadt wird von dem imposanten Wasserturm beherrscht, der mit Sicherheit einen subtilen Einfluss auf die Psyche der Einwohner Haweras ausübt.

▶ Palmerston North:
   Einwohnerzahl: 73 000 – Bordelle: 7

Wo könnte man mehr über das Leben erfahren als in einer landwirtschaftlichen Hochschule? Die Massey University mitten in Manawatu hat diese Aufgabe klar erfüllt, sofern man das aus der Anzahl an Räumlichkeiten schließen kann, die einem gegen Zahlung einer Gebühr offenstehen, um sein theoretisches Wissen in der Praxis anzuwenden. Prostitution gilt ja gemeinhin als gesellschaftliches Sicherheitsventil, und es gibt wohl kaum Zweifel daran, dass die dementsprechende großzügige Ausstattung von Palmerston North mit solchen Etablissements wahre Dienste am Menschen leistet.

▶ Queenstown: Einwohnerzahl: 11 000 – Bordelle: 1

Queen Victoria hätte es bestimmt nicht gefallen, wenn ihr zu Ohren gekommen wäre, dass die nach ihr benannte Kolonialstadt in dieser Rubrik auftaucht. Welchen Rang Queenstown dabei einnimmt, ist nicht einfach zu sagen, da die Einwohnerzahl je nach Jahreszeit erheblich schwankt. Anhänger von Extremsportarten aller Art trudeln gerne scharenweise hier ein, da die Stadt unzählige Möglichkeiten für einen Adrenalinausstoß bietet. Kein Wunder, dass angesichts der vielen testosteronstrotzenden Männer und Jugendlichen auch nach Anbruch der Dunkelheit noch viel Sport getrieben wird.

▶ Tauranga: Einwohnerzahl: 100 000 – Bordelle: 7

Tauranga mag eine zurückhaltende Stadt sein – schließlich lebt hier ein Großteil seiner Einwohner von National Super, der neuseeländischen Rente – aber wie aus der uns vorliegenden Statistik hervorgeht, ist sie alles andere als ein scheues Reh. Die Nähe zu Mount Maunganui – eine überdrehte Mischung aus Partystadt und Hafen – erklärt, weshalb ziemlich viele rote Lichter die ganze Nacht brennen. In offiziellen Statistiken verzeichnet Tauranga den höchsten Pro-Kopf-Verbrauch von Viagra und Batterien für Herzschrittmacher.

▶ **Hamilton: Einwohnerzahl: 123 000 – Bordelle: 8**

Es ist flach, wird von einem Fluss durchquert und hat sage und schreibe acht Freudenhäuser. Das ist der Eindruck (fast) jeden Besuchers von Hamilton. Von Neuseelands fünf größeren Zentren ist das Juwel von Waikato das einzige, das es in die Top Ten geschafft hat. Selbst Experten können dieses Phänomen nicht erklären, verweisen jedoch auf den äußerst spärlichen Kultur- und Unterhaltungsteil der *Waikato Times*. Die Stadt wurde auf einem Gelände errichtet, das die Māori Kirikiriroa nennen, was »langer Kiesweg« bedeutet – nun können Sie sich ein Bild von den Vergnügungen machen, die in dieser Region üblicherweise angeboten werden.

▶ **Taupo: Einwohnerzahl: 32 000 – Bordelle: 2**

Es gibt nur wenige Formen des Zeitvertreibs, die so frustrierend sein können wie das Angeln. Kein Wunder, dass es in Neuseelands Hauptstadt des Forellenfangs zwei Freudenhäuser gibt, die Männer davon überzeugen wollen, doch besser auf das Abknallen von Fischen in einem Fass zu verzichten und sich stattdessen sinnlicheren Freuden zu widmen. Sowohl die Stadt selbst als auch der phantastische See vermitteln das Bild heiterer Gelassenheit, auch wenn hier der größte Vulkanausbruch seit Beginn der Aufzeichnungen dokumentiert wurde. Was macht den Reiz dieser Kleinstadt also aus? Die Raffinesse der

Forelle oder die der Freudenmädchen? Ganz wie Sie meinen.

▶ Invercargill: Einwohnerzahl: 49 000 – Bordelle: 3
In einer Stadt, in der antarktisches Klima herrscht, kann man den Einwohnern schlecht einen Vorwurf machen, dass sie bereit sind, ihr Geld für ein bisschen zwischenmenschliche Wärme auszugeben. Ganz in der Nähe gibt es nur noch den Hafen von Bluff, der nur wegen Aluminiumverhüttung und Austernfischerei von sich reden macht. Bislang lässt die Forschung über die aphrodisierende Wirkung von Aluminiumverhüttung zu wünschen übrig, während die von Austern hinreichend belegt ist.

▶ Napier / Hastings:
  Einwohnerzahl: 90 000 – Bordelle: 5
Der Zusammenhang zwischen Hafenstädten und Etablissements von zweifelhaftem Ruf ist bekannt. Für liebeshungrige Schiffsmannschaften, deren Schiffe in Napiers Hafen Ahuriri anlegen, dürften die hellen Lichter des Ballungsgebiets Napier / Hastings eine wahre Augenfreude sein. Doch das ist noch nicht alles: Das hier ist der einzige Ort, der an die geologische Geschichte dieses Bezirks erinnert und einen Gedenktag für das Erdbeben von 1931 eingeführt hat, dem 93 Menschen und sämtliche historischen Gebäude der Stadt zum Opfer fielen.

▶ Whakatane: Einwohnerzahl: 18 000 – Bordelle: 1

Gut möglich, dass es an der überbetonten Aussprache der ersten beiden Silben des Ortsnamens liegt (dann klingt es ungefähr wie »fah-k«, was für die Neuseeländer und auch Australier »f*ck« ist) und die Einwohner von Whakatane glauben ließ, es ginge nicht ohne Freudenhaus. Doch es erklärt nicht, weshalb die kleine Küstenstadt bordellmäßig gesehen den Platz unter die Top Ten der Städte in Neuseeland geschafft hat und sogar an Auckland, der Queen City mit seinen 62 Etablissements, vorbeigezogen ist. Bay of Plenty (frei übersetzt: Bucht des Übermaßes) – keine Frage!

6 Friedhöfe mit einem Ausblick – zum Sterben schön

▶ Neho Whanau Urupa

Dieser Friedhof liegt in einem Vorgebirge und bietet einen wunderschönen Ausblick auf Kapowairua und den sanften Schwung der Spirits Bay und Cape Reinga. In der Mythologie der Māori heißt es, dass die Geister der Verstorbenen von dort aus in die Unterwelt aufbrechen. Diese Reise dürfte nicht lange dauern, denn die Seelen (wairua) der Neho-Familie, die hier begraben ist, leisten ihrem Vorfahren Hongi Keepa Gesellschaft bei der Totenwache.

▶ Skippers

Direkt neben der historischen Gemeinde in der jäh abfallenden Schlucht Skippers bieten die Richardson Mountains eine traumhafte Kulisse, vor der der wilde Fluß Shotover tost. Im Herbst färben sich die Eichen, Weiden und Pappeln golden, während ihre kahlen Äste im Winter daran erinnern, wie vergänglich Ruhm ist.

▶ Raukokore

Unweit des State Highway 35, auf der Straße von Opotiki nach East Cape, liegt der umzäunte kleine Friedhof mit Blick auf den nördlichen Teil der Bay of Plenty und, etwas weiter entfernt – und meist im Nebel liegend –, die Halbinsel Coromandel. Die nahe gelegene White Island versieht den blauen Himmel mit Schlieren aus vulkanischem Dampf, ausgebleichtes Treibgut liegt unten am Strand. Sie haben die Wahl und können sich Ihren Weg über die angeschwemmten einheimischen und exotischen Hölzer und Bäume bahnen und sich bei den Göttern der Meere über die Plackerei beschweren. Oder Sie wandeln über den Friedhof, auf dem sowohl Māori als auch europäische Siedler begraben wurden, und denken über das Gleiche nach.

► Havelock

Schätzen Sie für Ihre letzte Ruhestätte vor allem Ruhe, gibt es nur eine Wahl: Havelock. Der Blick auf das offene Meer und die Stelle, an der die beiden Meeresarme Kenepuru und Pelorous Sounds abzweigen, ist traumhaft. Der Wind streift durch die Äste der Zypressen und Birken. Man muss nicht tot sein, um hier seinen Frieden zu finden.

► Ross

Von dem sanften Hügel oberhalb der Barackenstadt mit dem wahrlich unromantischen Namen Ross hat man einen wunderbaren Blick auf die Sumpfebenen zwischen dem Ort und der Tasmansee. Ross war eine Goldgräberstadt, was erklärt, weshalb hier so viele Goldgräber begraben liegen. Nur kein Neid, werter Leser, ganz gleich, welche Schätze der eine oder andere geborgen hat, wie heißt es doch so schön? Das letzte Hemd hat keine Taschen.

► Hamiltons Site Cemetery

Central Otago ist gespickt mit hübschen Kirch- und Friedhöfen, was vor allem auf den Goldrausch Anfang des 19. Jahrhunderts zurückgeht. Die Friedhöfe in Naseby, St Bathans und Drybread – »trockenes Brot«, was für ein bezeichnender Name für einen Friedhof – sind wirklich wunderschön. In Drybread gibt es fast nur Grabinschriften mit dem Namen Hamilton. Noch mehr tote Hamiltons gibt es auf dem Friedhof der ehemaligen Goldgräberstadt und den Hängen des Bruchschollengebirges Rock and Pillar Range, auch die »Hamiltons« genannt. Dieser Ort lädt ein zum Verweilen, den Wolken über der Ebene Maniototo nachzublicken und über das harte Leben der Männer und Frauen nachzudenken, die hier nach Gold gegraben haben.

85 Hinrichtungen in Neuseeland

Von der ersten Hinrichtung in Neuseeland – der von Wiremu Kingi Maketu 1842, der wegen mehrfachen Mordes in der Bay of Islands zur Todesstrafe verurteilt worden war – bis zur letzten im Jahr 1957 gab es insgesamt 85 Exekutionen, alle durch Erhängen (wobei in früheren Zeiten auch *hanging, drawing* and *quartering* – also Erhängen, Ausweiden und Vierteilen eine Option war, um einen zum Tode Verurteilten ins Jenseits zu befördern). Nur eine Frau wurde jemals in Neuseeland hingerichtet: Williamina (Minnie) Dean – auch bekannt als Winton Baby Farmer. Die Todesstrafe für alle Verbrechen wurde mit Ausnahme von Hoch- und Landesverrat 1961 abgeschafft. 1989 wurde die Todesstrafe schließlich gänzlich abgeschafft.

Zum Tode verurteilt und hingerichtet wurden:
• Wiremu Kingi Maketu, 7. März 1842

- Joseph Burns, 17. Juni 1848
- Maroro, 19. April 1849
- William Good, 17. Juni 1850
- William Bowden, 27. April 1852
- Charles Marsden, 12. Februar 1856
- John White, 11. Juli 1856
- Kohn Killey, 18. März 1858
- James Collins, 30. Januar 1862
- Taherei, 10. Juli 1863
- Richard Harper, 22. September 1863
- Ruarangi, 18. April 1864
- Nikotema Okoroa, 18. April 1864
- Alexander McLean, 21. Oktober 1864
- William Andrew Jarvey, 24. Oktober 1865
- John Jones, 6. April 1866
- James Stack, 7. April 1866
- Mokomoko, 17. Mai 1866
- Heremita Kahupaea, 17. Mai 1866
- Hakaraia Te Rahui, 17. Mai 1866
- Horomona Propiti, 17. Mai 1866
- Mikaere Kirimangu, 17. Mai 1866
- Richard Burgess, 5. Oktober 1866
- Thomas Kelly, 5. Oktober 1866
- Philip Levy, 5. Oktober 1866
- Robert Wilson, 20. Dezember 1867
- John Densley Swales, 16. April 1868
- Whakamau, 23. März 1869
- Hamiora Peri, 16. November 1869

- Anthony Noble, 16. Februar 1871
- Simon Cedeno, 5. April 1871
- Kereopa, 5. Januar 1872
- Joseph Eppwright, 29. Juli 1873
- Charles Dyer, 30. Oktober 1874
- Nutana, 19. Februar 1875
- John Robinson Mercer, 7. Mai 1875
- William Henry Woodgate, 25. Januar 1877
- Martin Curtain, 6. Februar 1877
- Te Mohi, 23. Mai 1877
- James Walsh, 19. Februar 1879
- Ah Lee, 5. November 1880
- Tuhiata, 29. Dezember 1880
- Wiremu Hiroki, 8. Juni 1882
- Taurangaka Winiata, 4. August 1882
- John Donohue, 11. Juni 1884
- Rowland Herbert Edwards, 15. Juli 1884
- John Caffrey, 21. Februar 1887
- Henry Albert Penn, 21. Februar 1887
- Haira Te Piri, 13. Mai 1889
- Makoare Wata, 28. September 1889
- Alexander James Scott, 22. Mai 1893
- Williamina Dean, 12. August 1895
- Stephen Bosher, 21. April 1897
- William Sheehan, 21. Juli 1897
- Frank Philpott, 23. März 1898
- Charles Clements, 12. April 1898
- Enoka, 2. Mai 1898

- Alexander McLean, 31. August 1901
- James Ellis, 28. Februar 1905
- Tahi Kaka, 21. Juni 1911
- Alfred Mortram Biddle, 13. Dezember 1913
- Arthur Rottman, 18. März 1915
- Frank Edward Bennier, 19. Januar 1918
- Frederick William Eggers, 5. März 1918
- Dennis Gunn, 22. Juni 1920
- Samuel John Thorne, 20. Dezember 1920
- Hakaraia Te Kahu, 10. Oktober 1921
- John Tuhi, 19. April 1923
- Daniel Richard Cooper, 16. Juni 1923
- Robert Herbert Scott, 17. April 1924
- Arthur Thomas Munn, 29. Juli 1930
- George Errol Coats, 17. Dezember 1931
- Edward Tarrant, 6. März 1933
- John Hubert Edwards, 11. Dezember 1933
- George Edward James, 15. Dezember 1933
- William Alfred Bayly, 20. Juli 1934
- Charles William Price, 27. Juni 1935
- William Geovanni Silveo Fiori, 13. März 1952
- Eruera Te Rongapatahi, 14. September 1953
- Harry Whiteland, 21. Dezember 1953
- Frederick Foster, 7. Juli 1955
- Edward Tomas Te Whiu, 18. August 1955
- Harvey Eric Allwood, 13. Oktober 1955
- Albert Laurence Black, 5. Dezember 1955
- Walter James Bolton, 18. Februar 1957.

Zusätzlich zu den oben genannten wurden im Ersten Weltkrieg noch fünf neuseeländische Soldaten wegen Desertation und/oder Meuterei hingerichtet. Die Hinrichtung erfolgte durch ein Erschießungskommando, doch die Öffentlichkeit erfuhr nichts davon. Im Jahr 2000 wurden alle fünf begnadigt, nachdem das Parlament zu dem Schluss gekommen war, dass ihre Verurteilung Unrecht gewesen war, da man ihnen nach heute geltendem Recht Wehruntauglichkeit wegen psychischer Probleme bescheinigen würde.

Wir gedenken:
- Frank Hughes
- John Sweeney
- John Braithwaite
- John King
- Victor Spencer.

Die 12 schlimmsten Gifte

Die folgenden 12 Stoffe gelten entweder als sehr giftig oder spielten bei zahlreichen Todesfällen in Neuseeland eine maßgebliche Rolle:
- Paracetamol (ein schmerzstillender und fiebersenkender Arzneistoff)
- Beta-2-Agonisten (ein Arzneistoff, der bei Asthma verabreicht, aber auch für illegales Doping verwendet wird)

- Salicyclate / NSAIDS (ein nichtsteroidales Antirheumatikum)
- Benzodiazepin (ein Schlafmittel)
- Phenothiazin (ein Nervendämpfungsmittel)
- Betäubungsmittel / Rauschgift
- Antikonvulsant (ein krampflösendes Mittel)
- Theophylline (ein Arzneistoff, der bei Bronchial- asthma eingesetzt wird)
- Thyroxin (ein Hormon, das bei Schilddrüsen- störungen verabreicht wird)
- Eisensalze (ein Flockungsmittel)
- Antidepressiva (ein Medikament gegen Depressionen)
- Digoxin und andere Herz- und Kreislaufmittel.

Rund 60 bis 65 Prozent aller Anrufe bei der neu- seeländischen Giftnotrufzentrale erfolgen wegen Vergiftungen von Kindern unter fünf Jahren. Am häufigsten sind Kinder im Alter von ein bis drei Jahren betroffen. Im vergangenen Jahr litten Kin- der unter fünf Jahren an Vergiftungen, die durch eine der 25 folgenden Substanzen verursacht wur- den:

1. Paracetamol
2. Multivitamine
3. Kieselgel (ein Trockenmittel, das häufig im Versand zur Anwendung kommt)
4. Orale Verhütungsmittel

5. Ibuprofen (ein schmerzstillendes und fiebersenkendes Arzneimittel)
6. Geschirrspülmittel
7. Diclofenac (ein schmerzstillendes und fiebersenkendes Arzneimittel)
8. Lufterfrischer
9. Schwarzer Nachtschatten (eine vor allem für Kleinkinder giftige Pflanze)
10. Claratyne (ein Allergiemittel)
11. Allzweckreiniger
12. Dimetapp (ein hustenlösendes Erkältungsmittel)
13. Aronstab (eine vor allem für Kleinkinder giftige Pflanze)
14. Giftpilze
15. Thyroxin (ein Hormon, das bei Schilddrüsenstörungen verabreicht wird)
16. Quecksilberhaltiges Fieberthermometer
17. Ätherische Öle
18. Leuchtstab
19. Bleichmittel
20. Homöopathische Heilmittel
21. Insektenschutzmittel
22. Amoxicillin (ein Breitbandantibiotikum)
23. Augmentin (ein Breitbandantibiotikum)
24. Parfüm
25. Zahnpasta.

9 chirurgische Eingriffe, auf die sich die Neuseeländer freuen können

In der Bibel steht geschrieben (Psalm 90:10): Unser Leben währet siebzig Jahre, und wenn's hoch kommt, so sind's achtzig – doch eine Operation zum richtigen Zeitpunkt kann unser Leben darüber hinaus verlängern. Zu den häufigsten öffentlich geförderten Eingriffen in Neuseeland in der Kategorie »Verschleiß« – Sterilisationen von Frauen zählen aus nachvollziehbaren Gründen nicht dazu – in der Altersgruppe von 65 bis 75 Jahren gehören:

1. Behandlung des Grauen Stars
2. Operation eines Leistenbruchs
3. Hüfttotalendoprothese (Hüftgelenkersatz)
4. Angioplastie (ein Verfahren zur Erweiterung von Blutgefäßen)
5. Knieendoprothese (Kniegelenkersatz)
6. Sterilisationen von Frauen
7. Karpaltunnelspaltungen
8. Herz-Bypass-Operationen
9. Herzklappenersatz.

52 429 tote Alliierte in der Schlacht um Gallipoli

Angesichts des Stellenwerts, den der Gallipoli-Feldzug im kollektiven Bewusstsein der Neuseeländer – und Australier – einnimmt, ist es schon fast verwunderlich, dass die Schlacht um Gallipoli im Ersten Weltkrieg gar keine ausschließliche Angelegenheit des ANZAC (Australian New Zealand Army Corps) war. Generationen von Neuseeländern und Australiern sind mit dem Gedanken aufgewachsen, dass sie die einzigen Nationen waren, die auf der türkischen Halbinsel gekämpft haben oder die größten Verluste zu beklagen hatten – doch das stimmt nicht. Auch andere alliierte Streitkräfte waren beteiligt, und die Briten und die Franzosen erlitten noch mehr Verluste. Zur gleichen Zeit, als die Anzacs am Morgen des 25. April 1915 auf der Halbinsel Gallipoli landeten, gerieten die britischen Truppen an der Südspitze der Halbinsel unter heftigen Beschuss.

▶ Die Gefallenen von Gallipoli
- Briten (einschließlich Iren): 29 134
- Franzosen: 10 000
- Australier: 8520
- Neuseeländer: 2806
- Inder: 1891
- Neufundländer: 45

- Ceylonesen: 4
- Außerdem starben 14 Angehörige des Zion Mule Corps (die jüdische Legion), 11 des Greek Labour Corps (die griechischen Legion), 3 Führer & Dolmetscher sowie 1 Mann der Maltese Labour Corps (Malteser Legion).

... 7 Möglichkeiten, Abschied zu nehmen, die Neuseeländern vorenthalten blieben

Als es darum ging, sich von ihren Söhnen, die ihr junges Leben in der Schlacht von Gallipoli verloren hatten, zu verabschieden, wurden die neuseeländischen Hinterbliebenen nicht so gut behandelt, wie man es hätte tun können. Da persönliche Inschriften auf den Grabsteinen der Soldatengräber mit Kosten für deren Familien verbunden gewesen wären und die neuseeländische Regierung die Ansicht vertrat, dass es ungerecht wäre, wenn nur Gräber von Soldaten aus wohlhabenden Familien Inschriften bekämen, sie aber ihrerseits die Kosten dafür nicht übernehmen wollte, beschloss sie, allgemein keine Inschriften auf den Soldatengräbern zu gestatten, außer man wusste, dass neuseeländische Soldaten in bestimmten Friedhöfen begraben lagen, deren Leichen jedoch nicht identifiziert worden waren. Nur auf diesen Gräbern befindet sich die Inschrift: »Their Glory

Shall Not be Blotted Out« (auf Deutsch: »Ihr Ruhm wird niemals ausgelöscht«). Die Familien der australischen Soldaten durften sich im Gegensatz dazu mit ergreifenden letzten Worten von ihren gefallenen Söhnen verabschieden, und so manche neuseeländischen Hinterbliebenen hätten sich auch gerne mit folgenden beispielhaften Worten von ihren Lieben verabschiedet:

He Died For God
For King & Country
R. I. P.
(auf Deutsch: Er starb für Gott, König und Vaterland. Ruhe in Frieden)

To Live In Hearts
We Leave Behind
Is Not To Die
(auf Deutsch: Menschen, die in den Herzen anderer weiterleben, sterben nicht)

Mother Is Proud
Of Her Hero, Though He
Was Only A Private
(auf Deutsch: Mutter ist stolz auf ihren Helden, auch wenn er nur ein einfacher Soldat war)

He Lived And Died
Like A True Australian
(auf Deutsch: Er lebte und starb wie ein echter Australier)

He Died The Helpless
To Defend. A Tasmanian
Soldier's Noble End
(auf Deutsch: Er gab sein Leben, um die Hilflosen zu
verteidigen. Das ehrenwerte Ende eines tasmanischen
Soldaten.)

One Of The Best
(auf deutsch: Einer der Besten)

His Name Is Written In
Letters Of Love In The
Hearts He Left At Home
(auf Deutsch: Sein Name steht geschrieben in den Herzen
aller, die er zu Hause zurückgelassen hat)

Only A Boy But Died As
A Man For Liberty And Freedom
His Mum & Dad
(auf Deutsch: Er war noch so jung, starb aber als Mann
für Freiheit und Gleichheit. In Liebe, Mom und Dad).

16 Orte, an denen man sich eine goldene Nase verdienen kann

In den Hügeln Neuseelands gibt es noch immer Gold – genauer gesagt, in den Flüssen – und nachfolgend finden Sie alle Flüsse, in denen Sie ungefragt und ohne Lizenz nach Gold waschen dürfen:

- Aorere River A
- Aorere River B
- Lyell Creek
- New Creek
- Louis Creek
- Moonlight Creek
- Nelson Creek
- Jones Creek
- Waiho River
- Shamrock Creek
- Slab Hutt Creek
- Stony und Britannia Streams
- Twelve Mile Creek
- Five Mile Creek
- Arrow River
- Lower Shotover River.

10 der am häufigsten auf Trade Me versteigerten Dinge

Der Online-Marktplatz Trade Me ist das neuseeländische Pendant zu eBay. 2011 wurden die folgenden zehn Gegenstände am häufigsten ersteigert:

1. Jolly jumpers
2. iPods
3. Rasenmäher
4. Geschirrspülmaschinen

5. Gefrierschränke
6. Brotbackmaschinen
7. Eintrittskarten
8. Glätteisen
9. Kinderfahrräder
10. Trampoline.

In all den Jahren, in denen es diese Auktionsplattform in Neuseeland nun schon gibt, verzeichneten die folgenden zehn Auktionen die meisten Zuschauer und Mitbietenden:

1. Handtasche und Handy des Rugbyteams Hurricanes
2. Die schaurige Waschmaschine. (Aus der absolut lesenswerten Artikelbeschreibung: »Es ist die lauteste, am gewalttätigsten klingende Waschmaschine, die ich je gesehen habe. Sie verschreckt Gäste und bringt Kinder zum Weinen. Ich habe ein Jahr so gelebt und noch immer jagt sie mir Angst ein.«)
3. Your tattoo on my bum! (Der Sieger bei dieser Auktion durfte bestimmen, welches Tatoo auf dem Hintern des Bieters landet)
4. Beim Kauf eines Traktors gab's 20 Hektar Land obendrauf!
5. Landscape rocks for sale in Christchurch
6. Folden
7. Jesus Christ pita bread

8. Düsenjäger vom Typ MiG-21 MF 1973
   Mikoyan-Gurevich
9. Luftkissenfahrzeug
10. The invisible ute! (ein Gebrauchtwagen).

Rugby

Rugby ist das Größte

Der Nationalsport Neuseelands ist – keine Frage! – Rugby, und darin sind wir Neuseeländer auch noch richtig gut. Fast jeder kleine Junge träumt davon, einmal in der Nationalmannschaft, den All Blacks, mitzuspielen, wenn er groß ist.

2011 gewannen die All Blacks den Rugby World Cup zum (nur) zweiten Mal in ihrer Geschichte, was in krassem Widerspruch zu ihrer ansonsten unschlagbaren Erfolgsbilanz als bestes Rugby-Team der Welt steht. Die All Blacks gehören zu den erfolgreichsten Sportteams aller Zeiten und haben 75 Prozent all ihrer Spiele gewonnen. Außerdem haben sie sämtliche Gegner mindestens einmal geschlagen – und das hat außer ihnen noch kein anderes Rugby-Team geschafft.

Die Spielergebnisse der All Blacks im Vergleich mit den 20 besten internationalen Rugby-Teams

Gegner	Anzahl Spiele	G	U	V	Punkte für All Blacks	Punkte für Gegner	Gewonnene Spiele in %
Argentinien	14	13	1	–	618	190	92,86
Australien	143	97	5	41	2792	1928	67,83
British & Irish Lions	38	29	3	6	634	345	76,32
Kanada	5	5	–	–	313	54	100,00
England	34	27	1	6	810	424	79,41
Fidschi	5	5	–	–	364	50	100,00
Frankreich	51	38	1	12	1242	672	74,51
Irland	24	23	1	–	664	259	95,83
Italien	11	11	–	–	644	108	100,00
Japan	2	2	–	–	228	24	100,00
Pacific Islanders	1	1	–	–	41	26	100,00
Portugal	1	1	–	–	108	13	100,00
Rumänien	2	2	–	–	99	14	100,00
Samoa	5	5	–	–	308	56	100,00
Schottland	28	26	2	–	825	294	92,86
Südafrika	83	46	3	34	1559	1286	55,42
Tonga	4	4	–	–	279	26	100,00
USA	2	2	–	–	97	9	100,00
Wales	28	25	–	3	849	281	89,29
World XV	3	2	–	1	94	69	66,67
Gesamt	**484**	**364**	**17**	**103**	**12568**	**6128**	**75,21**

(G = Gewonnen / U = Unentschieden / V = Verloren, Stand: April 2012)

Die 20 besten Rugby-Teams weltweit

Anfang des Jahres 2012 hat der Internationale Rugby-Verband die Liste der erfolgreichsten Mannschaften zusammengestellt (insgesamt sind 93 international agierende Teams aufgeführt; Deutschland liegt auf Platz 36):

1. Neuseeland
2. Australien
3. Frankreich
4. Südafrika
5. England
6. Irland
7. Argentinien
8. Wales
9. Tonga
10. Schottland
11. Samoa
12. Italien
13. Kanada
14. Georgien
15. Japan
16. Fidschi
17. USA
18. Rumänien
19. Namibia
20. Russland.

Alles, was Sie über Tackle,
Maul und Ruck zu wissen brauchen

Von allen Phasen dieses phantastischen Sports ist eindeutig diejenige die umstrittenste, wenn der Ballträger angegriffen wird. Darüber wurde eigentlich schon alles geschrieben, was man nur schreiben kann. Fakt ist, dass die Schiedsrichter hier großen Spielraum haben und dass es danach immer zu unzähligen Debatten kommt und immer neue Taktiken entwickelt werden. Die große Frage dabei lautet stets: »Was passiert, wenn der Ballträger von einem Gegenspieler angegriffen und zu Fall gebracht wird? Wie kommt der Ball dann wieder ins Spiel?«

Das sogenannte **Tackling** (**Tiefhalten**) ist eine Spieltaktik, um den Gegner aufzuhalten. Dabei wird der Ballträger von einem oder mehreren Gegenspielern zu Fall gebracht (das heißt, er berührt mit einem oder beiden Knien den Boden oder sitzt auf dem Boden oder einem anderen Spieler). Der angegriffene Spieler muss versuchen, den Ball sofort loszuwerden, damit das Spiel fortgesetzt werden kann. Dazu gibt er ihn entweder an einen anderen Spieler ab oder wirft ihn in eine beliebige Richtung. Der angegriffene Spieler muss versuchen, so schnell wie möglich wieder auf die Beine zu kommen oder sich vom Ball wegzubewegen. Geht der Ballträger zu Boden, muss der Angreifer ihn sofort loslassen, auf die Beine kommen und sich ebenfalls vom Ball wegbewegen. Nach einem Tackling müssen auch alle anderen Spieler auf ihren Füßen stehen – ihr eigenes Körpergewicht tragen –, wenn sie den Ball spielen. Es ist nicht zulässig, den angegriffenen Ballträger daran zu hindern, den Ball loszulassen oder abzuspielen, oder zu versuchen, ihm den Ball abzunehmen, bevor der Ballträger ihn losgelassen hat – mit einer Ausnahme: Versucht der angegriffene Spieler, den Ball auf oder hinter der Mallinie aufzuschlagen, darf der Gegenspieler ihm den Ball abnehmen.

Wird der balltragende Spieler von einem oder mehreren Gegnern festgehalten, und bindet sich ein Mitspieler an den Ballträger, so spricht man im Englischen von einem **Maul** (**Paket**). Sind mindestens drei Spieler daran beteiligt, die alle auf ihren Füßen stehen müssen und aneinander gebunden sind (die Spieler fassen sich fest am Trikot und berühren mit Schulter und Arm die anderen Spieler), und bewegen sie sich in einem Feld in Richtung Mallinie, spricht man von einem Maul. Spieler, die mitmischen wollen, müssen das von der Stelle aus tun, an der sich das hintere Bein des hintersten Mitspielers im Maul befindet. Ein Maul wird erfolgreich beendet, wenn entweder der Ball oder ein Spieler, der den Ball besitzt, das Maul verlässt, der Ball den Boden berührt oder hinter der Mallinie auf dem Boden landet. Alles andere, wenn sich zum Beispiel das Maul nicht mehr bewegt oder länger als fünf Sekunden bewegungslos verharrt (und der Ball nicht in angemessener Zeit zur Verfügung steht), das Maul zusammenfällt oder der Ballträger zu Boden geht, wird ein **Scrum (Gedränge)** angeordnet.

Ein **Ruck (offenes Gedränge)** wird als die Spielphase definiert, wenn ein oder mehrere Spieler aus einem Team, die alle auf ihren Füßen stehen und sich berühren müssen, sich um den Ball am Boden drängen. Die Spieler drängen mit ihren Füßen und versuchen auf diese Weise, in Ballbesitz zu gelangen oder den Ball zu behalten. Die Spieler müssen auf ihren Füßen bleiben, dürfen das Ruck nicht zu Fall bringen. Außerdem darf der Ball im Ruck nicht weitergegeben werden. Für den Anschluss eines Spielers in ein Ruck gelten dieselben Regeln wie beim Maul. Ein Ruck ist beendet, wenn der Ball sich nicht mehr im Ruck befindet oder auf beziehungsweise hinter der Mallinie ist. Kann der Ball nicht gespielt werden, wird ein Scrum angeordnet.

Alles klar?

Die härtesten All-Black-Spieler aller Zeiten

Könnte man ein Rugby-Team aus allen All-Black-Spielern zusammenstellen, würde es vermutlich so aussehen:

D. B. Clarke

V. Tuigamala   F. E. Bunce   J. T. Lomu

W. M. Osborne

B. J. McKechnie

P. A. T. Weepu

W. T. Shelford

R. H. McCaw   T. V. Flavell   C. Meads   J. Collins

R. W. Loe   S. Fitzpatrick   K. L. Skinner

▶ Fullback (Schlussmann): D. B. Clarke
Don Clarke, Spitzname »The Boot« (»Der Stiefel«), wurde von seiner Schule in der basketballähnlichen Mädchensportart Netball aufgestellt, weil ihm gesagt wurde, dass er zu groß für Rugby sei. Vermutlich hat er seinen Ärger darüber auf das Rugby-Feld mitgenommen, denn schon im Alter von zwölf Jahren spielte er in der Senior-Mannschaft seines Clubs mit. Mit seinen 1,88 Meter und 110 Kilogramm zählte er

immer zu den größten und kräftigsten Spielern. Seine ersten größeren Spiele hatte er 1956 gegen die Springboks, und es hieß, dass er während der All-Blacks-Tour von 1960 quer durch Neuseeland für die »Boks« das Lieblingsziel beim Tackling war – was nicht weiter störte. Seine Gegner prallten im wahrsten Sinn des Wortes von ihm ab, und mit seinem phänomenalen Kickspiel gelang es ihm, von jeder Position aus Punkte zu erzielen. Sie möchten es genauer wissen? Bitteschön: Für die All Blacks erzielte er 781 Punkte in 89 Spielen, davon 31 Test Matches. Die Mehrheit der Punkte machte er mit seinem gefürchteten Kicks.

▶ Right Wing (Langer Außendreiviertel): V. Tuigamala Der Flügelspieler »Inga the Winger« revolutionierte das Rugbyspiel ab dem Moment, da Auckland ihn dafür einsetzte, sich nach einem Pass von seinem Verbindungshalb nach vorne zu kämpfen, damit er sich seinen Stürmern als Anspielpunkt anbieten und so das Spiel schnell machen konnte. Das war schade, denn der Spieler war dafür bekannt geworden, seine Gegenspieler mit seiner ausgezeichneten Laufarbeit zu zermürben, und das trotz seiner gut 100 Kilo Lebendgewicht – ungewöhnlich, wenn man sich überlegt, wie gertenschlank die Dreiviertelspieler damals waren. Er war schnell, mit relativ niedrigem Schwerpunkt, und wenn er getackelt wurde, verschwand er scheinbar vom Spielfeld, nur um eineinhalb Meter weiter links oder rechts offenbar unbeeindruckt wieder aufzutauchen. Inga spielte nach seinem Debüt gegen die Vereinigten Staaten im World Cup von 1991 zwanzig Spiele für Neuseeland, und bis auf eines waren alles Test Matches. Er erzielte 61 Punkte, natürlich allesamt in Tests. Als sich seine Rugby-Karriere ihrem Ende zuneigte, erfand er sich im Rugby League (auch Dreizehner-Rugby genannt) neu und hatte auch dort großen Erfolg.

▶ Centre (Dreiviertel): F. E. Bunce

Seine Bunceheit (der einzige blaublütige Spieler Neuseelands – offenbar ein direkter Abkömmling von George Rex, einem der drei Söhne von König George III und Hannah Lightfoot, einer Tuchhändlerin aus Yorkshire, die zur Welt kamen, bevor der König Charlotte zu seiner Königin machte) erhält diese Position aufgrund seiner Kondition und Ausdauer und verdrängt somit andere harte Männer wie Tana Umaga. Sein Debüt hatte er 1992 gegen World XV mit bereits dreißig Jahren, einem Alter, in dem viele internationale Spieler bereits darüber nachdenken, sich aus dem aktiven Sport zurückzuziehen. Man kann sich also vorstellen, wie schwer das für ihn gewesen sein muss. Er nahm an 69 Spielen, einschließlich 55 Tests teil und erzielte 131 Punkte, allesamt bei Tries. Für jeden erzielten Punkt sollte man ihm einen weiteren gutschreiben, denn sein größter Verdienst im Mittelfeld war es, den anderen Dreiviertelspielern seines Teams zuverlässig zuzuspielen. Ebenso zuverlässig gelang es ihm, alles niederzumähen, was seine Gegner ausgeheckt hatten. Bei einem unvergesslichen Spiel dachte ein australischer Flügelstürmer irrigerweise, dass er Frank durch einen Hagel von Schlägen ausschalten könne. Zu seinem Glück war Franks einzige Reaktion darauf ein höfliches Lächeln.

▶ Left Wing (Linker Außendreiviertel): J. T. Lomu
Trotz seiner Größe von 1,96 Metern und satten 120 Kilogramm rannte Lomu schnell wie der Wind und jagte selbst gestandenen Mannsbildern gehörige Angst ein. Lomu galt mehrere Jahre nach seinem Debüt 1994 gegen Frankreich als *die* Schreckgestalt des internationalen Rugbys, obwohl er fast während seiner gesamten Karriere an ernsthaften Nierenproblemen litt und seine Medikamente zu heftigen Nebenwirkungen führten und ihn auszehrten. Vermutlich findet sich kein Neuseeländer, der nicht gerne an Lomus Heldentaten im Spiel gegen die Briten im World Cup von 1995 zurückdenkt, als sich die vor dem Spiel aufgebaute Angst vor diesem Gegner in Sekundenschnelle legte: Bereits in den ersten Minuten nach dem Anpfiff zerstreute er einen Großteil der britischen Verteidigungslinie in alle Himmelsrichtungen.

▶ Second Five-Eighths (Erster Innendreiviertel):
  W. M. Osborne

Bill Osborne verkörperte das neuseeländische Ideal-
bild eines Innendreiviertels: Mit seiner relativ ge-
drungenen Gestalt – 82 Kilogramm bei einer Größe
von 1,78 Metern – passte er durch jede Lücke, war gut
im Tackling und verstand es perfekt, seine Gegenspieler umzureißen. Er hatte sein Debüt gegen Schottland
1975 – ein Spiel, das als Wasserpolo in die Geschichte
einging –, da war er gerade mal 21 Jahre alt. Es folgten 21 weitere Spiele für die All Blacks, einschließlich
16 Tests. Er erzielte 40 Punkte, allesamt bei Tries.

▶ First Five-Eighths (Verbindungshalb):
  B. J. McKechnie

Selbst in Neuseeland gab es in dieser Spielerposition
nur wenige riesige oder brutale Männer, obwohl es
schon den einen oder anderen gab, der seine Gegner
terrorisierte, so gut er nur konnte. Wie sieht es mit
innerer Stärke aus? Dann führt trotz der Heldentaten
von Stephen Donald im Endspiel des Rugby World
Cup 2011 kein Weg an Brian McKechnie vorbei.
Zweimal geriet er im Laufe seiner glänzenden Karriere als Sportler in brenzlige Situationen. 1978 bei
einem entscheidenden Test gegen Wales. Er war gerade noch rechtzeitig eingewechselt worden, um das
Spiel mit einem Schuss aufs Mal zu entscheiden.
McKechnie hatte am Abend zuvor dem Alkohol zu-

gesprochen, da er nicht damit rechnete, am nächsten Tag spielen zu müssen. Die Menge war unruhig, da die Strafe scheinbar als Reaktion auf einen gezielten Sprung vom Lineout des neuseeländischen Stürmers Andy Haden erfolgt war. Aber McKechnie wehrte das ganz locker aus der Hüfte ab. Sein bestes Jahr war 1981, als er bei einem internationalen One-Day-Cricketspiel – der zweiten Sportart, in der er für Neuseeland antrat – Opfer des berüchtigten Unterarm-Vorfalls wurde, der dafür sorgte, dass die Chappell-Brüder und das australische Cricket für immer in Schande leben werden. Bis heute versuchen sich Generationen neuseeländischer Cricket-Fans daran, diese Szene nachzuspielen, um herauszufinden, ob es technisch machbar ist, bei einem rollenden Ball sechs Punkte erzielen zu können. Bislang ist es noch keinem gelungen, mehr zu tun, als das, was McKechnie tat: den Ball abprallen zu lassen und den Schläger voller Ekel wegzuschleudern.

▶ Halfback (Halbfeldspieler): P. A. T. Weepu

Viele Rugbyteams haben den Fehler gemacht, das Halbfeld als die Schwachstelle in der Abwehr der All Blacks zu betrachten. Es stimmt zwar, dass das Halbfeld den niedrigsten vertikalen Punkt – wie ein Bergpass – darstellt, weshalb Spieler in dieser Position am besten kleinwüchsig sein sollten. Doch in all den Jahren wurden überwiegend kräftige Pfundskerle wie

Freddy Roberts 1905 oder der einmalige Piri Weepu in dieser Position eingesetzt – und sie waren alles, nur nicht klein. Vor dem Rugby World Cup von 2011 war es eine schwierige Feldposition. Doch niemand war härter als Piri Weepu. Vom Körperbau würde ihn niemand für einen Profisportler halten – er hat einen Bauch, was aber nichts ausmacht, denn seinen Ruhm verdankt Weepu seiner inneren Stärke und seinen fast übernatürlichen Kräften, die mit seiner Statur offenbar nichts zu tun haben. Mit seinem stechenden Blick und der stolzen Haltung eines Stammeskriegers ist er die erste Wahl, wenn es darum geht, den Haka der All Black anzuführen. Als er nach einer längeren Pause 2011 – bedingt durch eine schwere Beinverletzung (und ernährungstechnischen Missgriffen während seiner Rekonvaleszenz) – zum Profi-Rugby zurückkehrte, ließ er niemanden darüber im Unklaren, dass er auf jeden Fall als Halfback mitmischen wollte, wenn Neuseeland um die begehrte William Webb Ellis Trophy spielte. Er ist nicht unbedingt der schnellste Spieler im Feld, aber er beherrscht die Abwehr sehr gut und verfügt beim Angriff über den X-Faktor: Aufgrund seiner Spielerfahrung als First-Five weiß er genau, welche Möglichkeiten er wann hat, und versteht sie, mit gekonnten Kicks zu nutzen. Im Laufe des Turniers gelang es Weepu immer öfter, Punkte zu erzielen, vor allem (wie später durchsickerte), nachdem Daniel Carter verletzt wurde; anscheinend machte ihm der Druck, im World-Cup-Finale zu stehen, nichts aus. Weepu wurde aufgrund seiner Härte so beliebt, dass die bekannten Charles-Bronson-Witze von seinem Fan-club in »Piri-Weepu-Witze« abgewandelt wurden. Ein Beispiel gefällig? Bitteschön: Piri Weepu zerstörte das Periodensystem, weil das einzige Element, das er anerkennt, das Überraschungselement ist.

▶ Number 8 (Nummer Acht): W. T. Shelford

Buck Shelford war ein Koloss von einem Mann, ein großer, knochiger Krieger. Seine Daten geben seine physische Präsenz, die er in jedes Spiel eingebracht hat, nicht wieder. Mit 93 Kilogramm bei einer Größe von 1,89 Meter war er für die jetzigen Verhältnisse der All Black ein Knirps. Doch die Geschichten über ihn sind legendär. Bereits in den ersten Minuten des Halbfinales im Rugby World Cup von 1987 konnten die Fernsehzuschauer mit eigenen Augen mitverfol-gen, was es heißt, ihm auf dem Feld gegenüberzu-stehen. Der walische Zweite-Reihe-Stürmer Huw Richards kam auf die Idee, einem All Black direkt vor der Kamera eine reinzuhauen. Mehrere Male drohte er den Schlag an und schwang lustvoll seinen Arm. Doch plötzlich war kein Richards mehr im Bild, sondern der schwerfällige Shelford, der mit geballten Fäusten, weit aufgerissenen Augen und blähenden Nüstern in die Kamera blickte. Schiedsrichter Kerry

Fitzgerald entschärfte die brenzlige Situation, indem er die kluge Entscheidung traf, Richards auf den Boden der Tatsachen zurückzuholen und ihm die rote Karte zu zeigen. Shelford kam ungestraft davon.

▶ Blindside Flanker (Linker Flügelstürmer): J. Collins
Collins machte den Weg für Shelford im hinteren Gedrängehalb frei und durfte deshalb die Position der Nummer Acht gegen die eines Flügelstürmers eintauschen – die ideale Startposition für seine 1,91 Meter und 107 Kilogramm, sollte irgendein unwissender Halbspieler einen Angriff aus dem Hinterhalt wagen. Wegen mehrerer Verletzungen hatte Collins bereits zu Beginn seiner Karriere mit ernsthaften Problemen zu kämpfen, weshalb er sich in jüngster Zeit dazu entschlossen hat, lieber anderen Verletzungen zuzufügen, als selbst welche zu erleiden.

▶ Lock (Zweite-Reihe-Stürmer): C. Meads
Meads erhielt während einer Tour durch Japan den Spitznamen Pinetree, also Kieferbaum, obwohl er alles andere als ein Anfänger war. Keiner aus seinem Team war älter als 23 Jahre. Gemessen an heutigen Standards gehörte er ebenso wie Buck Shelford zu den kleinen Spielern – 1,92 Meter groß und 102 Kilogramm schwer –, doch seine Präsenz auf dem Spielfeld hatte nichts mit seiner Statur zu tun. Er galt als Abräumer und wurde von seinen Gegnern auf der

ganzen Welt gefürchtet und respektiert. Vor allem in Australien ist er sehr bekannt, was darauf zurückzuführen sein dürfte, dass er bei dem ersten Test gegen die Australier versuchte, den dynamischen Scrumhalf (Gedrängehalb) Kenny Catchpole von der falschen Seite des offenen Gedränges wegzuschieben. Dabei riss er dem armen Australier fast das Bein ab, nicht anders als Sie es mit einem gegrillten Hühnchen tun würden. Der Waliser Willie John McBride, selbst einer der toughesten Männer in der Welt des Rugby, bezeichnete The Tree einmal als härtesten Rugby-Spieler aller Zeiten.

▶ **Lock (Zweite-Reihe-Stürmer): T. V. Flavell**

Er sieht aus wie Elvis – nur böser –, und seine Augen verraten, dass er kein Mitleid kennt. Flavell ist eine gute Mischung aus perfektem Körperbau – er ist 1,95 Meter groß, bringt 111 Kilogramm auf die Waage und ist damit etwas größer, aber immerhin 10 Kilogramm schwerer als sein Sturmpartner – und Schnelligkeit, Beweglichkeit sowie dem jeglichem Fehlen von Empathie, was ihn eigentlich zu einem Soziopathen macht. Sein Debüt gab er 2000 für die All Blacks. Nach einem Gastspiel in Japan, wo er in etwa das gleiche Ansehen genießt wie Godzilla oder die Schwimmende Motte Mothra, kehrte er 2006 nach Neuseeland zurück und trat zur Überraschung vieler Anwärter für die All Blacks an.

► Openside Flanker (Rechter Flügelstürmer):
 R. H. McCaw

Der Rugby World Cup von 2011 trug wesentlich dazu bei, die Geschichte des neuseeländischen Rugby neu zu schreiben: Die All Blacks wurden zu zweifachen Siegern und zogen damit einen Schlussstrich unter die Serie der bisherigen Niederlagen. Piri Weepu war der härteste All Black Halfback aller Zeiten und stach sämtliche seiner Gegenspieler aus. Richie McCaw stellte unter Beweis, dass er noch härter als der bisherige härteste Flankenstürmer Mark »Cowboy« Shaw war. McCaws Heldenmut auf dem Feld war nie angezweifelt worden: Niemand beherrscht es so gut wie er, den Ball in der »Kollisionszone« – Tackle, Ruck und Maul – zu sichern. Außerdem ist er ein brutaler Tackler, versteht es meisterhaft, den Ball abzugeben, und hat eine Bombenkondition. Er war einer der erfolgreichsten Kapitäne der Teams Canterbury und All Blacks aller Zeiten. Doch was ihn wirklich zum Härtesten unter den Harten macht, ist seine Fähigkeit zu konstanten Spitzenleistungen, Spiel für Spiel, Jahr für Jahr. Die Fans der All Blacks konnten es nicht fassen, dass McCaw kurz vor dem Rugby World Cup von 2011 kaum trainierte. Das war darauf zurückzuführen, dass er verhindern musste, dass eine schmerzhafte chronische Verletzung am Fuß noch schlimmer wurde. Doch sobald er auf das Spielfeld lief, sah ihm niemand seinen inneren Kampf an. Bei diesem Wettkampf, wie schon so oft zuvor, war er die Geheimwaffe der All Blacks. Für seine Heldentat, die All Blacks zum Sieg beim World Cup geführt zu haben, sollte McCaw zum Ritter geschlagen werden. Er lehnte diese Auszeichnung ab, vermutlich, weil »Sir Richard« nicht hart genug klingt.

▶ Prop (Pfeiler): R. W. Loe

Er war mit seinen 1,88 Meter Körpergröße ein großer und talentierter Prop, brachte 116 Kilogramm auf die Waage und sein erbarmungsloses Vorgehen erinnerte an den Weißen Hai. Seine Antwort darauf, dass es dem australischen Flügelstürmer Paul Carozza gelungen war, einen Try beim zweiten Test 1992 durch einen verspäteten Tackle in Punkte zu verwandelte, war ein heftiger Schlag mit dem Unterarm, der Carozzas Nase brach. Dass er ein eiskalter Kerl war, zeigen Nahaufnahmen, auf denen gut zu erkennen ist, wie seine Finger während des nationalen Finales zwischen Loes Waikato und Cooper's Otago bis zum ersten Fingerglied in der Augenhöhle seines Teamkollegen Greg Cooper steckten. Auch das war 1992. Außerhalb des Spielfelds ist er ein wahrer Pfundskerl, doch niemand will unten im Gedränge stecken, wenn man nichts mehr erkennen kann, aber weiß, dass irgendwo da draußen Loey lauert.

► Hooker (Hakler): S. B. T. Fitzpatrick

Seine Augen standen schräg wie bei manchen gefährlichen Hunderassen, und irgendwie hatte man bei
seinem Anblick das Gefühl, er würde sich von Kopf
bis zu den Zehen verjüngen. Er wog 105 Kilogramm
bei einer Größe von 1,83 Metern, doch für ihn
gilt der Spruch, dass nicht Größe entscheidend ist,
sondern Technik. Fitzpatrick gehörte schon zu den
Profispielern, bevor Rugby zu einer Profi-Sportart
wurde – und zwar in dem Sinn, dass er mit höchster
Konzentration in jeder Minute des Spiels bei der
Sache war. Er kannte keine Skrupel, wenn es darum
ging, die Grauzonen der Rugbyregeln oder den toten
Winkel der Schiedsrichter für sich und sein Team
auszunutzen. Er war wie Teflon. Er beherrschte einfach alles – Einfädeln ins Gedränge, den Ballwurf
zum Lineout oder das Festnageln der Gegner mit
klinischer Präzision. Die meisten Fans werden sich
noch gut an zwei Vorfälle erinnern, die zeigen, wie
gut Fitzy mit Provokationen aller Art fertig wird:
Zum einen, als der Australier Phil Kearn mit zwei
Fingern eine obszöne Geste in seine Richtung
machte, aber hinterher behauptete, er hätte lediglich
klarstellen wollen, dass er beim abendlichen Grillen
gerne zwei Würstchen hätte. Und zum anderen 1994,
als ihn sein südafrikanischer Gegner ins Ohr biss.
Nach dem Spiel äußerte Johann Le Roux sein Be-
dauern: Angesichts seiner Sperre hätte er Fitzys Ohr

dann auch gleich ganz abbeißen sollen. Doch trotz all dieser »Aufmerksamkeiten« entpuppte sich Fitzy als zäher Bursche und spielte immerhin 128 Spiele für Neuseeland, 92 davon waren Tests und bei 51 war er Mannschaftskapitän. Er erzielte 90 Punkte, alle bei Tries.

▶ Prop (Pfeiler): K. L. Skinner

Skinner gilt als einer der großartigsten Props, der jemals für die All Black in einem Scrum steckte. Er war unerbittlich und kannte keine Gnade, obwohl er von der körperlichen Statur nach heutigen Standards nicht allzu viel hermachte (1,83 Meter groß und 97 Kilogramm schwer). Zufällig war Skinner 1947 Champion im Schwergewicht geworden, und als die All Blacks wegen der schmutzigen Tricks der Erste-Reihe-Stürmer der südafrikanischen Springboks ziemlichen Ärger hatten, sollte Skinner es richten. Bei einem Scrum versetzte er auf der einen Seite des Gedränges einem Gegner einen kräftigen Hieb, dann knöpfte er sich die andere Seite des Gedränges vor – und daraufhin war Ruhe im Spiel.

Zahlenspiele

1 Pferd

Von den Tausenden Pferden, die im Ersten Weltkrieg nach Übersee gingen, kehrte nur ein einziges wohlbehalten nach Neuseeland zurück. Von 1914 bis 1918 schickte Neuseeland 10 238 Pferde für den aktiven Kriegsdienst nach Frankreich, Ägypten und Palästina. Nachdem der Krieg vorbei war, stellte sich die Frage, was nun mit den Pferden geschehen sollte. Die britische Armee hatte viele ihrer Pferde an die indische Armee und etwa 20 000 an die Ägypter verkauft. Ein ähnliches Schicksal erwartete die australischen und neuseeländischen Pferde, die für den Afrikafeldzug eingesetzt worden waren. Die ANZAC-Kavalleristen hatten mitbekommen, wie brutal die Einheimischen mit Tieren umgingen, und die Vorstellung, dass ihre treuen vierbeinigen Kameraden nun ein trauriges Dasein in einem Steinbruch fristen müssten oder in den Straßen von Kairo regelmäßig ausgepeitscht würden, behagte ihnen ganz und gar nicht. Stattdessen brachten sie die Pferde in die Wüste und gaben ihnen dort den Gnadenschuss. Für die berittene Armee, die gemeinsam mit ihren vierbeinigen Kameraden jahrelang im Krieg gekämpft hatten, oftmals unter extrem harten Bedingungen, war die Entscheidung, die Pferde aus Kostengründen und wegen der vorgeschriebenen Quarantäne zurückzulassen, ein schwerer Schlag. »Bess« war das einzige Pferd, das nach dem Zweiten Weltkrieg wieder nach Neuseeland zurückkehrte.

2 Stundenkilometer

Wie Daniel K. Riskin vom Fachbereich für Biomedizin an der Cornell University, New York, herausgefunden hat, ist das die höchste Schrittgeschwindigkeit der Kleinen Neuseelandfledermaus *Mystacina tuberculata*. Im Verhältnis zu seiner Körpergröße wäre das so, als ob ein Mensch 55 Stundenkilometer rennt. Fledermäuse sind im Allgemeinen nicht gut zu Fuß, aber die Gemeine Vampirfledermaus und die Kleine Neuseelandfledermaus haben unabhängig voneinander die Fähigkeit entwickelt, sich schnell am Boden fortzubewegen. Im Fall der Neuseelandfledermaus konnte sich die Nahrungssuche am Boden nur deshalb entwickeln, weil es keine Raubtiere gab, die der Fledermaus dort hätten gefährlich werden können – und weil es noch Jahrtausende dauerte, bis sich der Mensch in Neuseeland niederließ.

Riskin wollte mit seiner Studie herausfinden, ob die Fortbewegung dieser Spezies am Boden der anderer Vierfüßler gleicht oder ob sie eine eigene Methode entwickelt hatte, die sich von flugunfähigen Vierbeinern unterscheidet. Mit Hilfe von Hochgeschwindigkeitsaufnahmen von Fledermäusen, die sich – ungelogen – auf einem Laufband vergnügten, stellte er fest, dass beide Spezies in der Lage sind, sich mit Hilfe einer symmetrischen seitwärts gerichteten Schrittfolge fortzubewegen, die durchaus mit den kinematisch bestimmten Schritten zahlreicher Landwirbeltiere zu vergleichen sind.

3 Sachen, bei denen die Neuseeländer besser abschneiden als die Australier

- Im Schafescheren
- im Einnehmen des 2. (oder 3.) Platzes bei internationalen Cricket-Tournieren
- im Verzehren der Vollkornweizenkekse Weet-Bix.

4 Wollsocken

Im Zweiten Weltkrieg beinhaltete die Ausrüstung eines neuseeländischen Soldaten folgende Gegenstände (Auszug aus einem Kriegstagebuch):

Ausrüstungsgegenstände von Offizieren und Soldaten der zweiten Division, Band 6, 1. August 1943 bis 31. August 1943

Offiziersausrüstung:

Socken, wollene, Paar	1
Namensschilder, Hut	2
Namensschilder, Rang, Sets	2
Hutbänder	1
Feldbett	1
Gerolltes Bettzeug	1
Gürtel, US	1
Decken	2
Stiefel, knöchelhoch, Paar	2
Dschungelstiefel, Paar	1
Schuhbürste	2
Haarbürste	1
Rasierpinsel	1
Zahnbürste	1
Henkeltasche	1
Umhang, wasserfest oder gefüttert (oder Regenmantel)	1
Bettbezug	1
Bettdecke	1
Kartentasche	1
Haarkamm	1
Emaillierte Tasse	1
Erkennungsmarke mit Schnur, rot-grün	1

Gabel	1
Handschuhe	6
Filzhut	1
Tasche	1
Nähetui	1
Wollpullover oder Strickweste oder Wind- jacke, US	1
Taschenmesser	1
Tischmesser	1
Spiegel	1
Zinn- oder Emaillebecher	1
Moskitonetz	1
Zinn- oder Emailleteller	1
Kurze Gamaschen, Paar	1
Pyjama, Paar	2
Rasierapparat	1
Zeltunterlage	1
Hemden (NZ oder US)	4
Wollsocken, Paar	4
Löffel	1
Kochgeschirr	1
Stablampe, mit Nachfüllpack	1
Handtücher	2
Hosen KD (NZ oder US) Paar	3
Baumwollunterhosen, Paar	3
Baumwollunterhemd	2
Reflektierende Armbanduhr mit Armband	1

Hinweis:

1. Zusätzlich zu den oben genannten Ausrüstungsgegenständen erhält jeder Offizier:
    (a) Pistole mit Koffer und Munition ODER, zusätzlich Tornister für alle Ränge oder Tasche mit Munition
    (b) Stahlhelm und Atemschutzmaske
    (c) Erste-Hilfe-Ausrüstung: Salbe in Tube oder Tiegel, 1; Augenbinden, 6; Anti-Beschlagausrüstung, 1; Mullbinde, 1
    (d) 24-Stunden-Notfallration und Notfallschokolade
    (e) Verbandmaterial.

2. Offiziere haben zu beachten, dass ein Anspruch auf eine Ersatzausrüstung nur besteht, wenn:
    (a) der Verlust oder Schaden unmittelbar auf eine Kriegshandlung durch den Feind zurückzuführen und als solche nicht auf Fahrlässigkeit oder mangelnde Sorgfalt ihres Eigentümers bei der Ausübung seiner soldatischen Pflichten zurückzuführen ist.
    (b) der Verlust eingetreten ist, weil der Eigentümer sie aufgrund eines Befehls zurücklassen musste.
    (c) Die gemäß obiger Auflistung durchnummerierten Gegenstände sind die maximale Entschädigung eines während des Kriegsdienstes aufgetretenen Verlusts. Sobald ein Ersatz genehmigt wurde, wird die Feldzeugausgabe die entsprechend genehmigten Artikel ersetzen.

    Keine kurzen Hosen und kurzärmligen Hemden dürfen über Neukaledonien hinaus mitgenommen werden.

    Eine ausreichende Stückzahl von Offiziersausrüstungen und Kleidung wird in den Offizierskoffer gepackt und ist in der Feldzeugausgabe auf Lager.

6 Hammelrezepte

Das Herzstück der neuseeländischen Küche ist (für einen Großteil der europäischen Siedler) Hammel, der – außer gekocht oder gebraten – auch noch anders zubereitet werden kann.

▶ Colonial Goose (Kolonialgans)
Man nehme:
Hammelkeule, ohne Knochen
125 Gramm Schinken
125 Gramm Pilze
Paniermehl
1 Ei
1 fein gehackte Zwiebel
Salz und Pfeffer
1 Teelöffel gemischter Kräuter
Kochendes Wasser

Alle Zutaten mit etwas kochendem Wasser vermengen, Keule damit füllen, Öffnung gut zunähen. Keule in einen Bräter mit Deckel oder einen Bratschlauch geben und etwa 3 bis 3 ½ Stunden bei 180° C garen.

► Hammelragout

Man nehme:

2 Pfund mageres Fleisch von der Schulter oder
   vom Hals
2 Esslöffel Sherry
2 Esslöffel brauner Zucker
2 Esslöffel Mehl
2 Esslöffel Essig
2 Esslöffel Tomatensauce
½ Teelöffel Currypulver
½ Teelöffel Ingwer
½ Teelöffel Senf
½ Teelöffel gemischte Gewürze
1 Spritzer Worcester-Sauce

Geben Sie das in mundgerechte Stücke geschnittene
Fleisch in eine Schmorpfanne. Alle anderen Zutaten
miteinander vermengen, zu dem Fleisch geben und
gut verrühren. Fleisch etwa 2 Stunden ziehen lassen,
dann bei mittlerer Hitze 2 bis 3 Stunden leise köcheln lassen, bis das Fleisch zart ist.

► Hammelsülze

Braten Sie den Hals, Schenkel und die Rippen mit
Zwiebeln an, würzen Sie das Ganze mit Salz, Pfeffer,
gemischten Kräutern und je nach Geschmack Resten
vom Schinken. So lange garen, bis sich das Fleisch
vom Knochen ablöst. Heben Sie das Fleisch aus dem

Topf und schneiden Sie es in mundgerechte Stücke. Lösen Sie 2 Teelöffel Gelatinepulver in etwas kaltem Wasser auf, geben es in den Fond und verrühren es, bis sich das Pulver vollständig aufgelöst hat. Geben Sie die Fleischstücke in eine Schüssel und dann den Fond dazu. Das Fleisch muss vollständig mit Flüssigkeit bedeckt sein. Stellen Sie das Ganze kalt. Um die Sülze aus der Form zu lösen, wickeln Sie ein heißes Küchentuch um die Schüssel, warten eine Minute ab und stürzen das Ganze dann auf einen Teller.

▶ Fleischbällchen

Vermengen Sie kaltes, bereits gekochtes und durch den Fleischwolf gedrehtes Hammelfleisch mit Kartoffelbrei und Gemüseresten. Damit es nicht zu trocken wird, geben Sie etwas Bratensauce dazu, formen das Fleisch zu Bällchen, wenden diese in Mehl und braten sie in einer Pfanne mit Öl oder zerlassenem Bratenfett an. Dazu passen Gemüse, Kartoffelbrei, Bratensoße oder ein knackiger Salat.

▶ Cornwall-Pastete

Drehen Sie gekochtes Hammelfleisch mit Gemüse (Karotten, Erbsen, Kürbis, Süßkartoffeln, Kartoffeln – in Würfel geschnitten), je nach Geschmack auch mit einem Apfel durch den Fleischwolf und geben Sie einen Esslöffel Bratensoße dazu. Bereiten Sie einen Mürbeteig zu, legen eine runde Form damit aus, feuchten den Rand an und verteilen das Fleisch gleichmäßig darauf. Nun einen Deckel aus Teig formen, diesen mit Milch benetzen. Im Ofen bei 200° Celsius etwa 30 bis 40 Minuten garen.

▶ Hirtenauflauf

Drehen Sie gekochtes Hammelfleisch durch den Fleischwolf, geben Sie rohe Zwiebeln – gehackt oder in feinen Scheiben – Salz und Pfeffer, 2 Teelöffel Tomatenmark dazu. Dann geben Sie gute Bratensoße dazu und füllen das Ganze in eine Ofenform. Bereiten Sie einen Kartoffelbrei aus Salzkartoffeln, Butter und Milch zu. Verstreichen Sie den Kartoffelbrei auf dem Fleisch, fügen einen Klecks Butter hinzu und garen es bei 180° C etwa 30 Minuten, bis die Kruste hell- bis mittelbraun und knusprig ist.

Zu Hammel reicht man in Neuseeland gerne folgende Soßen:
· zu gebratenem Hammel: eine dicke dunkle Bratensoße oder Minzsoße
· zu gekochtem Hammel: weiße Soße mit Petersilie, Kapernsoße, Zwiebelsoße.

So wird Hammelfleisch noch leckerer:
· Ein Schuss Essig oder ein paar Scheiben Zitrone verleihen dem Fleisch eine würzigere Note.
· Ein Schuss Gewürzessig oder Essig, in dem Kräu-

ter eingelegt waren, verleiht gebratenem oder ge-
grilltem Hammel eine neue Geschmacksnote.
- Zitronensaft, Essig oder Selleriegrün oder Kümmel verstärken den Geschmack eines Hammel-
eintopfs.
- Eine Füllung aus gewürzten Weißbrotwürfeln
oder Semmelbröseln gibt einer Hammelschulter
oder -keule eine ganz neue Geschmacksrichtung.

9 Wasserkraftwerke

In Neuseeland gibt es zum Glück viele Flüsse, mit deren Hilfe ein Großteil des Strombedarfs gedeckt werden kann. Einer der größten unbesungenen Helden
Neuseelands ist Lloyd Mandeno (1888–1973), ein
genialer und äußerst praktisch veranlagter Mensch,
der enorm zum Wohlstand und der Weiterentwick-
lung von Neuseeland beigetragen hat. Bereits 1910
bis 1911 befasste er sich mit der Stromerzeugung und
begann mit der Errichtung des ersten Wechselstrom-
werks in Auckland, eine 6600-Volt-Verbindung zwischen Straßenbahnen. Später vertiefte er sein Wissen
aufgrund seiner Tätigkeit im Wasserwerk von Hora-
hora, das die Waihi Gold-Mining Company errich-
ten ließ. Mandeno war ein leidenschaftlicher Fan von
Wasserwerken, weshalb er von 1915 bis 1926 für den
Gemeinderat von Tauranga arbeitete und sich in die-

ser Funktion für das Wasserwerk von Omanawa und den dort erzeugten Strom einsetzte. 1909 war dort ein Gaswerk gebaut worden und es galt, die zögerliche Haltung der Anwohner zu bekämpfen, die sich nicht auf eine neue Art des Kochens einstellen wollten. In der Devonport Road richtete er einen Show-Room ein und führte dort vor, wie sich mit Hilfe eines Dynamos, der von einem Ölmotor angetrieben wurde, Strom erzeugen ließ. Innerhalb eines Jahres kam es zu rund 100 Vorführungen. Dann überredete er R. S. Ready, einen Neubau ohne Kamin zu bauen, der ausschließlich mit Strom versorgt wird. Für die Warmwasserversorgung entwickelte er einen galvanisierten Eisenzylinder, der mit einer knapp 10 Zentimeter dicken Isolierschicht aus Bimsstein und einem 350-Watt-Heizelement ausgestattet war. Vermutlich handelte es sich um den ersten Speicherofen weltweit, und es heißt, dass sein Haus das erste weltweit war, das in Bezug auf seinen Energiebedarf vollständig von einem Energieversorgungsunternehmen abhing. 1925 wurde Tauranga der erste Stromerzeuger weltweit, der ein Freileitungssystem, das umgangssprachlich als »Mandenos Wäscheleine« bekannt wurde, einrichtete, was die Stromversorgung entlegener oder dünn besiedelter Orte ökonomisch sinnvoll machte.

Mandeno war ein kluger Kopf, der viele innovative Entwicklungen schuf, wie unter anderem transportable Gussformen, die es ermöglichten, Beton direkt auf der Baustelle in die gewünschte Form zu gießen. Bereits 1921 experimentierte er mit vorgefertigten Betonträgern und setzte die erste Maschine zum Aufstellen dieser Träger in Kaikohe ein. Er ließ Unterwasserleitungen verlegen – eine der ersten von dieser Länge –, und zwar zur Fischerei Zane Grey auf der Insel Urupukapuka in der Bay of Islands. Außerdem konstruierte er das erste mit Strom versorgte Sägewerk und das erste Milchwerk auf der Nordinsel, versorgte Chateau Tongariro sowie Sessellifte auf den Skipisten mit Strom und entwickelte ein Hochdruck-Heißwassersystem für die Krankenhäuser in Auckland und Tauranga. Das Wasserwerk von Kuratau in der Nähe des Taupo-Sees, das 1962 eröffnet wurde, ist ein Musterbeispiel seines Erfindergeists und seiner Hartnäckigkeit. Als sich eine Felsenschlucht als instabil herausstellte, entwarf er einen neuen Steinschüttdamm, und in einem Wettlauf gegen den rapide ansteigenden Wasserstand im Speichersee verbesserte er eigenhändig seine Konstruktion, da Baufirmen sich weigerten, auch nur ein Angebot abzugeben.

Mandeno war von 1931 bis 1956 für den Gemeinderat des One Tree Hill Borough tätig und von 1944 bis 1956 zweiter Bürgermeister. 1965 wurde ihm ein Orden des britischen Königreichs verliehen. Am Ende seiner Karriere blickte er auf neun Wasserwerke zurück, die er erbauen ließ, darunter auch das Lloyd Mandeno Elektrizitätswerk in Kaimai Range. Als Querdenker konnte er einen enormen Beitrag für die Stromerzeugung in Neuseeland leisten. Wie er selbst einmal sagte: »Es wurde mir in die Wiege gelegt, neue Wege zu beschreiten.«

13 ungewöhnliche Speisen, die sie auf dem jährlich stattfindenden Wild-Festival in Hokitika ausprobieren können

1. Larven
2. Getrocknete, frittierte und gebratene Grillen
3. Possumpastete
4. Schweineaugen mit Käsemakkaroni
5. Kuheuter vom Grill
6. Pferd
7. Frittierte Käfer
8. Grashüpfer in Gelee
9. Eingelegte Palme
10. Ginstergebäck
11. Ginsterwein
12. Straußenauflauf
13. Bergaustern (Euphemismus für Schafhoden).

16 Speisen, die Neuseeländer in Übersee vermissen

1. Fleischpasteten (vor allem mit Minze und Steak oder Steak und Käse)
2. Milchshakes
3. Brot der Firma Vogel's
4. Neuseeländischer Cheddar-Käse
5. Vegemite und Marmite (zwei Würzpasten mit Hefegeschmack)
6. Hamburger mit Rote Beete
7. Ananas-Guave
8. Hokey-Pokey-Eis (Vanilleis mit Honigwabenstückchen)
9. Ananas-Marshmallow-Schokoriegel
10. Neuseeländische Schokolade
11. Manuka-Honig (Manuka ist ein Strauch / Baum und heißt auch Südsee- oder Neuseelandmyrte)
12. Toffee-Pops (Kekse mit Karamell)
13. Whitebait (Minifische)
14. Zwiebelsuppe mit fettreduzierter Sahnehaube
15. BuzzBars (Schoko-Marshmallow-Happen)
16. Ingwerbiskuits.

27

Auf tausend Geburten kommen in Neuseeland 27 werdende Mütter im Teenageralter. Im Club der reichen Länder ist dies die dritthöchste Zahl, gleich hinter den Vereinigten Staaten (45) und England (mit Wales, 29). Damit gibt es in Neuseeland vier bis fünf Mal so viele jugendliche Mütter wie beispielsweise in Frankreich, Japan, den Niederlanden oder Schweden.

36

Das Medianalter (das Lebensalter, das eine untersuchte Gruppe so teilt, dass höchstens 50 Prozent ihrer Mitglieder jünger und höchstens 50 Prozent älter sind als dieses Lebensalter) der neuseeländischen Bevölkerung liegt derzeit bei 36 Jahren. 2030 wird es 42 Jahre betragen. Ebenfalls im Jahr 2030 wird der Anteil der über 65-Jährigen von heute 12 Prozent auf dann 21 Prozent angestiegen sein. Und einer von 15 Neuseeländern ist dann über achtzig Jahre alt.

39

Der in Neuseeland beheimatete Kakapo, ein Eulen-
papagei, belegt Platz 39 auf der Roten Liste der ge-
fährdeten Arten, die jährlich von der Internationalen
Union für die Bewahrung der Natur und natürlicher
Ressourcen herausgeben wird. In der Kategorie »vom
Aussterben bedroht« finden sich alle Tier- und Pflanzenarten wieder, die in der freien Natur kaum noch
eine Chance haben, langfristig zu überleben. Derzeit
gibt es nur noch an die 130 Kakapos, und die meisten
von ihnen haben einen Namen erhalten.

41° 16′

Dies ist die geographische Länge (früher als Längen-
grad bezeichnet) des Mittelpunkts von Neuseeland,
der in den Vororten von Nelson liegt. In der von der
LINZ (Land Information of New Zealand) erstellten
Straßenkarte von Nelson befindet sich der Mittelpunkt im Park Botanical Reserve, am östlichen Ende
der Hardy Street und der geographischen Länge:
41 Grad 16 Minuten Süd, und 173 Grad 18 Minuten
Ost. So mancher ist davon überzeugt, dass dieser
Mittelpunkt mehr damit zu tun hat, dass die ersten
Erkundungen der Südinsel dort ihren Anfang nahmen und dass der eigentliche geographische Mittel-

punkt dreißig Kilometer südwestlich von Nelson inmitten eines Waldgebiets bei Spooner's Range in der
Nähe von Tapawera liegt.

73

73 Prozent aller Neuseeländer werden nach ihrem
Tod eingeäschert.

150

Der Granatbarsch wird sage und schreibe 150 Jahre
alt – außer er wird aufgegessen, denn die Neuseeländer haben diesen Tiefseefisch zum Fressen gern.

500

So heißt ein in Neuseeland und Australien beliebtes
Kartenspiel. Und wer hat's erfunden? Der US-ame-
rikanische Spielkartenhersteller American Playing
Card Company, und das schon im Jahre 1904. Über
ein Jahrzehnt war 500 Amerikas beliebtestes Kartenspiel, das erst Jahre später von Bridge abgelöst wurde.
Doch in Neuseeland wird es noch immer gespielt
und gilt sogar als eines der Initialisierungsrituale

beim Eintritt ins Erwachsenenalter. Viele Neuseeländer denken bei dem Wort 500 an ihre Schulferien, die sie im Zelt oder Wohnwagen verbracht haben, und da es oft geregnet hatte, wurde eben dieses Kartenspiel gespielt.

1080

Ein unter dem Namen »1080« vertriebener Giftköder wird im weltweiten Vergleich am meisten in Neuseeland, dicht gefolgt von Australien, verwendet.

1855

1855 war das Jahr, in dem zum ersten Mal in Neuseeland eine Briefmarke verwendet wurde. Marken der Serie 1d wurden in London gedruckt und dann in die damals britische Kolonie geschickt. Heute zählt sie mit zu den wertvollsten Briefmarken Neuseelands, ein nicht entwertetes, gut erhaltenes Exemplar bringt an die NZ-$ 200 000.

1924

In diesem Jahr war Rugby Union zum letzten Mal offizielle Sportart der Olympischen Sommerspiele. Die Vereinigten Staaten holten sich im Colombes Stadium die Goldmedaille, als sie den Gastgeber Frankreich im Endspiel mit 17 zu 13 besiegten. Amerika hatte auch bei der Olympiade vier Jahre zuvor die Goldmedaille errungen, und mit dem Sieg von 1924 wurde es das erste Land, das im Rugby zwei Goldmedaillen holte. Neuseeland war nicht an den Rugby-Spielen in Paris beteiligt. Tatsächlich hat Neuseelands Rugby-Team nur einmal an den Olympischen Spielen teilgenommen, und zwar 1912. Damals bildete es mit den Australiern ein Australasiatisches Team, das Großbritannien mit 32 zu 3 vernichtend schlug und sich selbstverständlich die Goldmedaille holte.

15 000+

Jedes Jahr ereignen sich über 15 000 Erdbeben in und um Neuseeland. Die meisten davon sind unbedeutend und richten keinen Schaden an, aber etwa 250 werden von den Einwohnern bemerkt. Die sichersten Orte, die so gut wie niemals von Erdbeben heimgesucht werden, sind Northland und Southland.

50 000

So viele Menschen haben sich Schätzungen zufolge an einem einzigen Tag im Jahr 1966 am Strand von Bayly in North Kaipara versammelt, um Muscheln – Toheroa – zu sammeln. Es klingt schon etwas sonderbar, dass eine khakigrünliche Muschelsuppe eine Kultbewegung auslöst, doch genau das ist bei der Toheroa-Suppe eingetroffen. Anfang des 20. Jahrhunderts wurde sie zu einer der Leib- und Magenspeisen der Neuseeländer, und die Nachfrage stieg 1921 mit dem Besuch des Prince of Wales (dem späteren König Edward VIII.) nochmals steil an, als sich im gesamten Empire herumsprach, dass der hoheitliche Gast beim Bankett einen Nachschlag bestellt hatte. Im Anschluss an seinen Besuch stand bei allen neuseeländischen Hotels, die etwas auf sich hielten, Toheroa-Suppe auf der Speisekarte. Das Sammeln der Muscheln und das gemeinsame Verspeisen derselben wurden zum nationalen Freizeitvergnügen. Schon nach kürzester Zeit überstieg die Nachfrage das Angebot. Die letzte Dosenfabrik schloss 1969 ihre Pforten, und für das Sammeln dieser Muscheln galt ein jahrelanges gesetzliches Verbot, damit sich der Bestand erholen konnte. Manche Köche empfehlen, Toheroa durch kleinere Muscheln wie Pipi und Tuatua zu ersetzen, doch dann wird die Suppe nicht so schön grün wie mit der Originalrezeptur.

70000

So viele Kiwis aller denkbaren Gattungen und Variationen flattern noch in Neuseeland herum. Noch vor vierzig Jahren waren es 150 000 dieser flugunfähigen Vögel gewesen. Etwa 25 000 Exemplare des Nördlichen Streifenkiwis leben in geographisch voneinander getrennten Populationen auf der Nordinsel und in den nördlicheren Gebieten. Rund 16 000 große Fleckenkiwis leben in den nordwestlichen Zonen der Südinsel und auf den Südalpen im Nationalpark Arthur's Pass. Außerdem gibt es noch etwa 4500 Exemplare der Southern Fiordland Tokoeka, 10 000 der Northern Fiordland Tokoeka und 15 000 Stewart Island Tokoeka.

Von den kleinen Fleckenkiwis gibt es nur noch rund 1600 Vögel, die sich auf sieben Inseln – ganz ohne natürliche Feinde – und ein umzäuntes Gebiet, das sie davor schützen soll, als Beutetier zu enden, in Wellington verteilen. Zu den bedrohten Tierarten zählen der Rowi und der Haast Tokoeka, von denen es jeweils nur noch 350 Exemplare gibt. Sie leben in zwei Gebieten an der Westküste der Südinsel: der Rowi in Okarito und der Haast Tokoeka in Haast Range.

128 000

Wer hätte gedacht, dass es so viele registrierte Golfspieler in Neuseeland gibt? Dicht gefolgt von 120 000 registrierten Netzballspielern, 105 000 Fußballern, 99 000 Rugby- und 87 000 Cricketspielern.

3 000 000

Dies dürfte in etwa der Wert der 2576 Unzen Gold in NZ-Dollar sein, die sich an Bord der *General Grant* befanden, als sie auf ihrem Weg von Melbourne nach London 1866 vor den Auckland-Inseln sank. Aufgrund starken Nebels geriet die *General Grant* vom Kurs ab und wurde von der Strömung in eine Felsenhöhle vor den Auckland-Inseln getrieben. Dort blieb sie stecken, weil sich der Hauptmast in der Decke der Höhle verkeilte. Ein Jahr später konnten zehn Überlebende gerettet werden. Trotz zahlreicher Versuche, auch noch in jüngster Zeit, das Gold zu bergen, ist die genaue Lage des Wracks unbekannt, und die raue See und die zahlreichen anderen Schiffwracks in diesem Gebiet gestalten die Bergungsaktion noch schwieriger. Obwohl sich ganz offiziell mehr als genug Gold an Bord befindet, reizt die Schatzsucher von heute außerdem das Gerücht, dass die neun Tonnen Zink, die laut Ladungsverzeichnis ebenfalls an Bord sind, kein Zink, sondern ebenfalls Gold sind.

7 000 000

Diese unglaubliche Menge an Pommes-Frites-Portionen vertilgen die Neuseeländer – jede Woche!

60 000 000

Und es kommt noch besser: Jedes Jahr verspeisen die Neuseeländer 60 000 000 Portionen Fleischpastete. Trotz der Beliebtheit von Fastfoodketten ist die einfache Fleischpastete so etwas wie ein Statussymbol – wenn auch nicht ganz so kultig wie in Australien – und erfreut sich weiterhin großer Beliebtheit. Pasteten gibt es quasi an jeder Ecke zu kaufen, sind nicht größer als ein Handteller und machen ziemlich satt. Die Füllung besteht klassischerweise aus Fleisch oder Minze mit Bratensoße (und Käse), es gibt aber auch neue Geschmackstrends. Seit Neuestem gibt es sogar Feinschmeckerpasteten. Die Neuseeländer verzehren über 60 Millionen Pasteten im Jahr, umgerechnet sind das 15 Stück je Einwohner. Jedes Jahr wird ein Wettbewerb veranstaltet, und Hunderte von begeisterten Pastetenbäckern melden sich dafür an.

Bei den Geschmacksrichtungen gibt es so gut wie keine Grenzen: Steak, Gemüse mit Bratensoße, Schinken und Eier, Meeresfrüchte, Fleisch- und vegetarische Pasteten für Feinschmecker, zum Beispiel Pilzpastete oder Pasteten mit Wildbret und sonnengetrockneten Tomaten, Schinken mit Kümmel, karamellisierten Zwiebeln, Lammkeule, Süßkartoffeln und Kürbis, Fetakäse und Schweinefleisch, Süßkartoffeln, Camembert mit Oregano und Frischkäse. Die Mehrzahl der Teilnehmer kämpft allerdings in der Königsdisziplin um die beste Minz-Käse-Variante.

360 000 000

So viele Weet-Bix – Vollkornweizen-Kekse, die in Milch eingeweicht gegessen werden – verspeisen die Neuseeländer Jahr für Jahr zum Frühstück.

Glossar

Baby farming (Kinder hüten)
Dieser Begriff wurde Ende des 19. Jahrhunderts dafür geprägt, dass eine Mutter eines meist unehelich geborenen Kindes eine Zugehfrau dafür bezahlte, auf ihr Kind aufzupassen, für das sie sich als unverheiratete Frau schämte. Leider kam es häufig vor, dass die sogenannten Baby-Farmer die Kinder in ihrer Obhut vernachlässigten – oder sogar töteten. Am berüchtigtsten dürfte wohl der Fall von Minnie Dean sein, die 1895 die erste (und einzige) Frau wurde, die wegen Mordes zum Tod durch Hängen verurteilt worden war.

Bloke (Kerl, Typ)
Man kann sowohl einen Fremden, den man nicht namentlich kennt, so bezeichnen, als auch jemanden, den man mag, wie in »Hans is a good bloke« (»Hans ist ein toller Kerl«).

Bush (eigentlich Buschland, aber nicht in Neuseeland!)

In vielen englischsprachigen Ländern bezeichnet »bush« Buschland oder unberührtes Land. Doch Neuseeland bildet hier die Ausnahme: Mit »bush« oder »native bush« ist hier der heimische Wald gemeint, insbesondere dicht bewachsene Wälder. »Bush« beschreibt dagegen niemals Wälder mit exotischen Bäumen, wie zum Beispiel Pinienwälder, die nicht beheimatet in Neuseeland sind.

Der Begriff »bush« kommt allerdings auch in diesen Wortschöpfungen vor:

- »To bush-bash« – sich seinen Weg durch dicht bewachsenen Wald kämpfen, anstatt auf Wegen zu gehen
- »bush shirt« – ein Hemd aus dicht gesponnener Wolle, das gut wärmt und bis zu einem gewissen Grad sogar wasserfest ist
- »bush walk« – ein kurzer Spaziergang oder eine Wanderung im »bush«
- »to go bush« – im »bush« leben, oft in völliger Abgeschiedenheit; als Flucht vor dem Alltag.

Chokers (Versager)

In zahlreichen Ländern – Neuseeland gehört selbstverständlich mit dazu – bezeichnet »choke« das Scheitern eines Sportlers oder einer Mannschaft, vor allem wenn die Erwartungen groß waren, dass sie das

Spiel für sich entscheiden oder wenn sie die Führung innehatten und dann doch noch verloren. Ein Sportler, der häufig »choked«, ist dann, keine Frage, ein »choker«.

Feed (Futter)
Umgangssprachlich für Essen; meistens wird es in Sätzen verwendet wie »They sat down to a good feed« (»Sie saßen gemütlich beim Essen zusammen«) oder »Let's go for a feed« (»Lass uns Essen gehen«).

Freezing works (Schlachthaus)
Hier werden tierische Schlachtkörper für Export tiefgekühlt. Die Erfindung der Kältetechnik im 19. Jahrhundert ermöglichte es Neuseeland, Fleisch nach Großbritannien zu exportieren, was erheblich zum Wohlstand in Neuseeland beitrug.

Grog (Grog oder auch Alkohol)
Ursprünglich bezeichnet Grog ein alkoholisches Getränk, das mit Rum zubereitet wird. Doch in Neuseeland und anderen englischsprachigen Ländern sind alle alkoholischen Getränke damit gemeint. Sly grogging bezeichnet den Verkauf alkoholischer Getränke ohne Schankerlaubnis.

Joker (Typ, Kerl)

Umgangssprachlich für eine Person, meistens männlich. Wird analog zu »Bloke« als Anrede verwendet, wenn man jemanden kennt (zum Beispiel in »You jokers, drink up!« – »Hey Leute, trinkt aus!«), oder auch um über einen Unbekannten zu sprechen (zum Beispiel in »Who is this joker?« – »Wer ist der Kerl da?«).

Main Trunk Line (Hauptstrecke)

Die Hauptstrecke der Eisenbahn befindet sich auf der Nordinsel und verbindet die Hauptstadt Wellington mit Auckland, der größten Stadt des Landes. Die Strecke ist 681 Kilometer lang.

Openside (rechter Flügelstürmer)

Dieser Begriff bezeichnet eine Spielposition im Rugby. Es gibt den linken (Blindside) und den rechten Flügelstürmer, deren Aufgabe es ist, den eigenen Gedrängehalb vor dem gegnerischen zu schützen. Der rechte Flügelstürmer ist der Spieler, der am weitesten von der Seitenlinie entfernt ist, der linke ist ihr am nächsten.

Pea, pie and ’pud (Erbsen, Pastete und Kartoffeln)

Bevor vor rund fünfzig Jahren die ersten Restaurants in Neuseeland eröffneten, beschränkte sich das Essen außerhalb der eigenen vier Wände größtenteils auf einen Besuch eines Hotelrestaurants, Fisch’n’Chips oder den »Pastetenwagen«. Bei Letzterem handelte es sich um fahrbare Imbissbuden, die abends in den Hauptstraßen abgestellt wurden. Auf der Speisekarte standen vor allem Fleischpasteten, die mit Kartoffelbrei und Erbsen mit Soße serviert wurden. Diese Kombination war damals sehr beliebt und unter dem Namen »pea, pie and 'pud« bekannt (Erbsen, Pastete und 'pud, die Abkürzung von »spud«, umgangssprachlich für Kartoffeln).

Railway refreshment room (Erfrischungsraum)
Als die Eisenbahn noch Königin der Transportmittel Neuseelands war – Mitte des 20. Jahrhunderts – und das eigene Auto noch nicht so weit verbreitet, gab es über tausend Bahnhöfe im ganzen Land, und viele davon hatten einen Erfrischungsraum, um den Bahnreisenden mit Tee oder Sandwiches, Fleischpastete und Kuchen versorgen zu können.

Roadman (Straßenarbeiter)
Ein Arbeiter, der Straßen baut und repariert.

School milk (Schulmilch)
Dieses Programm wurde in den 1930er Jahren gestartet. Aus gesundheitlichen Gründen gab es für die Schulkinder kostenlos Milch in der Schule, und zwar ein halbes Pint (284 Milliliter) täglich. Doch in den 1960er Jahren war Schluss damit.

Sheep dip (Schafsbad)
Schafe werden vor der Schur in ein Bad mit flüssigem Desinfektionsmittel geführt, um ihre Wolle zu reinigen oder Parasiten abzutöten. »Sheep dip« ist aber auch die Bezeichnung für den Trog, in den die Tiere getaucht werden.

Sheila (Tussi)
Umgangssprachlich für Frau.

Tank water (Regenwasser)
»Tank water« ist nichts anderes als Regenwasser, das von den Dächern der Wohnhäuser oder Schuppen in einer Tonne aufgefangen und später als Trinkwasser oder zum Spülen und Wäschewaschen verwendet wird.

Whare (Behausung)
Ein māorisches Wort für Haus oder Unterkunft, das früher vor allem für einfache Hütten und Behausungen verwendet wird, die meistens am Strand oder im Bush gelegen sind.